Moriz Schadek

Gedichte in niederösterreichischer Mundart

Moriz Schadek

Gedichte in niederösterreichischer Mundart

ISBN/EAN: 9783743320000

Hergestellt in Europa, USA, Kanada, Australien, Japan

Cover: Foto ©Thomas Meinert / pixelio.de

Manufactured and distributed by brebook publishing software
(www.brebook.com)

Moriz Schadek

Gedichte in niederösterreichischer Mundart

Gedichte

in

niederösterreichischer Mundart

von

Moriz Schadek

Erster Band

Wien

Verlag von Carl Konegen

A bisserl was.

A bisserl was.

Gedichte

in

niederösterreichischer Mundart

von

Moriz Schadek.

Dritte, veränderte und vermehrte Auflage

Wien, 1905.
Verlag von Karl Konegen.

I.

Zu'n Anfang.

———

Es war'n a Menge guat mit mir,
I dank' ean bös und das;
All's ganz vergelten kann i nöt,
Nehmt's halt — a bisserl was.

———

II.

's erste Liad.

Wia s' draust' g'west san bein Parabies,
Der Adam und sei Wei,
Da hab'n s' bö Müahsal kenna g'lernt,
Und Not und Keierei.

Recht dasi wor'n san s' alle zwoa,
Ean ganz's Glück war zerstört,
Was s' bettelt hab'n und bitt't und g'woant,
Gott Vater hat's nöt g'hört.

So stengan s' ganz verzweifelt da,
Dö Eva und ihr Mann;
Auf oanmal fangt in Wald'l drin
A Vogerl z' singa an.

„Los'," sagt der Adam, „wia's es kann,
J moan, a Lercherl is's,
Wann oans so singt, dös hört ma do
Ju Himmel auffi g'wiß.

Woaßt, was wir toan? — Mir toan eam's nach,
Mit'n Red'n geht's eh nöt, was? —
Wir singen unsern Herrgott an,
Leicht hört er nacha das."

Sie gibt eam recht; sö stell'n si auf,
Wo b' Hollerstauden blüaht,
Toan b' Händ' z'samm, schau'n zun Himmel auf
Und singen — 's erste Liad.

1*

Es war nöt lang, nöt künstli g'macht,
Wer hätt' ean's lerna mög'n? —
Dafür is b' Seel und 's ganze Herz
In den kloan'n Liabl g'leg'n.

Und siah, der liabe Gott hat's g'hört; —
Wia s' ferti san mit 'n G'sang,
Da kimmt 's Vertrau'n von Himmel g'flog'n,
Es is ean nimmer bang.

Drum, wann's eng gar nöt z'samm geht mehr,
Wann's kloanlaut werd't's und müad,
Vergeßt's nöt, was eng helfen kann,
Denkt's nur — aufs erste Liad.

III.

's Waldviertel.

—

Wo anders kann's scho schöner sein,
Ja mein, dös laff' i zua,
Wir neib'n neamt, uns is 's bei uns
G'rad schön und sauber gnua.

San unf're Berg bö höchern nöt,
Zun Seh'n san f' desweg'n do,
Und san wir ob'n und schau'n ins Tal,
So san wir deanta froh.

's gibt größ're Waffer wia bei uns,
Soll'n f' groß sein, jed's wia's will,
Der Kamp kann a was; wann's recht regn't,
So kann er bald scho z'viel.

Es wachst a Wein, es wachst a Troad,
A Habern wachst, a Gras,
Und wachst a 's Allerschönste nöt,
Macht nix, es wachst halt was.

Und uns're Stadt'ln, uns're Märk',
Ma geht's bald aus, 's is wahr,
Der's aber heuer ausgeht, secht's,
Kimmt wieder gern auf's Jahr.

Soll'n d' andern lob'n, was s' wöll'n; i lob'
's Waldviertel mei ganz's Leb'n,
Mir hat's das Liabste auf der Welt,
Mir hat's — mei Muata geb'n.

IV.

D' Hozat.

—

Lost's, wia dö Glocken läut't,
Gel' ja, dö kann's,
Hozatleut, Hozatleut!
D' Mirz und der Haus;

Vata und Muata hint,
Godel und Göd;
D' Ahnl nur is dahoam,
Weil's nimma geht.

Einziag'n f' ins Kircherl iatzt,
D' Orgel spielt auf,
Und der Herr Pfarrer halt'
D' Hozatred' drauf.

Schön macht er's, b' März, dö woant,
Was g'rab nur kann;
Aber der Hans, der nöt,
Er is a Mann.

Wia's iatzt zun Seg'na is,
Was denn nöt gar!
Fliagt a kloan's Vogerl hin
Just zun Altar —

Und, wo dö Brautleut knia'n,
Rast't's, singt: „Witt, witt,
I kimm von Himmel her,
's Glück bring' eng mit."

V.

Der G'ftudierte.

—

Erft hat mi 's kloane Bleamerl g'fragt:
„Wia hoaß i denn, geh', red'."
Na bin i ftill g'weft, hab's nöt g'wißt,
Sagt 's Bleamerl: „Schamft bi nöt?"

A Käferl fliagt, i schau mir's an,
Woaß a nöt, wia ma's nennt,
Da lacht mi 's kloane Käferl aus:
„Und du, du warft Student??" —

I hab' a Menge Zeug's ftudiert,
A Menge g'lernt und g'wißt,
Grad oans nöt — wia ma's macha kunnt
Gscheit, — daß ma's nöt vergißt.

VI.

U' Einfall.

—

Wia Gott der Herr bö Welt hat g'macht
Und wia er alles so betracht't,
Da is scho' All's ganz schön g'west, ja,
Nur zimmt eam, 's gang do nu was a.

Er ruaft bö Engeln: „He, geht's her,
Mir tuat all's weh, i kann nöt mehr,
Jatzt helft's mir frei a weng, wia's is,
Macht's Bleameln fein für's Parabies.“

Tö Engeln rühr'n si glei am Fleck,
Sö machen Nagerln, Feigelstöck
Und andre gnua, gelb, blau und rot;
Recht g'freut er si, der liabe Gott.

Nur oaner vo den Engeln all'n
Fangt hübsch was an, nix will eam g'fall'n,
Wia oft er moant, iatzt tat's es schon
Z'letzt schmeißt er's do weg, geht davon.

Und wia er si so sorgt und grimt,
Daß gar koa guater Einfall kimmt.
Da siacht er auf amal bein Geh'n
D' Frau Eva auf der Wiesen steh'n.

A G'sichterl hat s' wia Milch und Bluat,
In d' Welt hat s' g'schaut so liab und guat,
Und 's volle Haar hat s' so umg'hüllt
Wia gold'ne Rahm das schönste Bild.

Z'erst is der Engel paff, glei drauf
Geht eam im Kopf a Liacht'l auf,
Er pascht in b' Hand, er juchazt, lacht,
Geht hoam g'schwind und — hat b' Rosen g'macht.

———————

VII.

Der Halbate.

—

Der Lippl, der is
Aus an' ganz oag'na Toag,
Halb's foast und halb's kleber,
Halb's hart und halb's woach.

Halb's gfreuat'n b' Arbat,
Halb's b' Fallenzerei,
Kam fangt er was an wo,
So rast't er a glei.

Halb's hätt' er a Schneid wohl,
Halb's sehlt cam a Stuck,
Reibt auf g'schwind zun Dreinhau'n,
G'schwind — halt er si z'ruck.

Halb's g'fall'n eam bö Dirndln,
Halb's fan f' eam all's oans;
Er möcht scho a Schatzerl
Und bo wieder koans.

Halb's is eam all's z'viel glei,
Halb's kriagt er nia gnua,
Halb's lacht er, halb's zahnt er,
Der halbete Bua.

Halb's möcht' er stoanalt wer'n,
Halb's sterb'n auf der Stell',
Halb's kema in Himmel —
Und halbat in d' Höll'.

VIII.

Der Ühnl.

—

„Ja,“ sagt der Dotter, wia er geht,
„Da derft's halt nöt vergess'n,
Mit'n Ähnl, da seit's hoagli, der
Derf 's zehnte nimmer essen.“

So folg'n s' schön, geb'n eam nur an' Tee,
A Griaskoch, ord'ntli zuckat. —
A eing'macht's Hendl kriagt er a,
Weil 'n halt a backen's druckat.

Na, 's schlagt eam an, er kimmt auf b' Füaß,
Er krailt scho um in'n Zimma,
Und ess'n möcht' er a bein Tisch,
In'n Bett, da g'freut's'n nimma.

„Ja," fagt dö Bäu'rin, „Ähnl, ja,
Zun Tifch, da derfft fcho kema,
Nur kriagft halt du bei eig'ne Koft,
Wir toan das unf're nehma."

Er fitzt fi zuwi, 's wird fcho geh'n
Mit'n eig'na Effen, moant er,
Und 's geht, nur wia er d' Knödeln fiacht,
Der alte Ding, da woant er.

Sö fchau'n'n a fo viel freundli an,
Als wollt'n f' eam grad fag'n:
,Wir toan dir nix, geh', fürcht' di nöt,
Uns kennt er ja, bei Mag'n.'

Es leid't 'n nöt, er greifat hin,
Da nimmt eam b' Bäu'rin b' Schüssel.
„Mei! Knödel möcht' er und eam schab't
Dös zehnte! — Wart a bissel!"

Er laßt si aber niß dasag'n,
G'lengt g'schwind a paarmal eini.
„Woaßt," sagt er, „wann mir 's zehnte schab't,
So iß i halt nur neuni."

———————

Schabel, A bisserl was.   2

IX.

Dö Buab'n in Strenghofen.

—

D' stärksten Buab'n in ganzen Viertel
Siacht ma von'n Strenghofner Turm,
Da gibt's alle Piff an Handel,
Alle Aug'nblick is a Sturm.

Keman Frembe, geht's mit bö an,
Und wann grab koan Frember kimmt,
Rafen f' selber mitananber.
Kurz, g'raft wird halt, bös is b'stimmt.

Na und nach Strenghofen eini
Schneibt's an' Pfarrer, hört's, an' Herrn,
So an' sanften, nöt zu'n Reb'n frei,
Der siacht 's Rafa gar nöt gern.

.

Laßt fi alle Buab'n g'schwind kema
Und nimmt f' orb'ntli in's Gebet,
Na und fragt's aufs G'wiffen, ob's denn
Ohne Rafa gar nöt geht.

Meine Buab'n, dö drah'n dö Hüatln,
Lachen den Herrn Pfarrer an,
Lofen fleißi, wia er prächti
wia a Büachl reden kann.

Und auf b' Letzt versprechen f' heili,
Daß fö fi recht schön bekehr'n
Und wia funsten auf an' Sunta
Nach'n Seg'n nöt rafen wer'n.

Kimmt der Sunta; — in der Predi
Sagt's der Pfarrer numal ein,
„Buab'n, denkt's drauf, ös habt's versprocha,
Nach'n Seg'n laßt 's Rafa sein."

Richti, nach'n Seg'n war's ruawi,
Und der Pfarrer, der hat g'lacht.
„Gelt, dö Rua heunt nach'n Seg'n,
Dö hat nur mein Reden g'macht."

„O," sagt b' Köchin, „bitt' Hochwürd'n,
Mit dö Buab'n is oans verkast.
Nach'n Seg'n war's freili ruawi,
Heunt hab'n s' — vor'n Seg'n scho g'rast."

X.

's Muaterl.

—

Kimmt der Vetter aus der Stadt,
War schon lang nöt da,
Geht auf b' Felder hin und her,
Geht a 's Dörfel a.

Gar nix hat si g'ändert b'rin,
Haus steht nu für Haus.
Grad nur b'Moahm in Höfel b'rin,
Dö schaut anders aus.

„Jessas," sagt er, wia er j' siacht,
„Di hat's herg'rich't b' Zeit! —
Schön bist g'west und stark, was bist
Jatzta für a Leut?! —

Haft koa Feuer mehr in'n Aug',
Haft koa Kraft mehr — gelt,
Ja, wo is bös nacha hin,
Wo in aller Welt?"

„Schau," sagt f', „b' Kinder keman g'rab,
Keman z'ruck von Mark',
Gelt ja, 's Dirndl, bös is schön
Und der Bua is stark.

Kraft und Schönheit hab' i g'habt,
I brauch's nimmer, fiah!
Eam hab' i dö Kräften geb'n
Und mei Schönheit — ihr."

XI.

Der Trauminöt.

—

Er wa' funst nöt z'wiber, der Lenz, es is wahr,
Is fauber beinander, hat g'schneckelte Haar,
Woaß all's, wia's in'n Feld und in'n Stall drinnat geht,
Bleibt bo allweil hinten — er traut fi halt nöt.

Er hätt' an' Verstand und an' ord'ntlichen a,
Für zwoa kunnt' er denka leicht, wann's amal wa';
Glaubt's aber, wann's drum und drauf ankam — er red't? —
Da halt't er fei Mail, denn — er traut fi halt nöt.

Hab'n f' glaubt, wann er unter b' Soldaten kam, da —
Da gangat's, da kamat b' Kuraschi, a ja! —
Nach'n erstenmal Schiaßen hat er müaffen ins Bett,
Hat'n Krampf kriagt und Zuaftänd' — er traut fi halt nöt.

Mit'n Heirat'n, da war's akrat so a Sach',
Er wa' um koa G'schloß nia koan'n Dirnbl nöt nach,
Amal sagt eam oane gar, daß'n gern hätt',
Da is er davon g'rennt — er traut sie halt nöt.

Er hat nu koan Rausch g'habt, koa Bisserl, belei,
Er geht bei dö Wirtshäuser sauber vabei
Und trinkt bei der Quell'n, „wann koa Viech dorten steht;"
Kimmt a Goasbock, so geht er — da — traut er si nöt.

Er fürcht' si vor'n Wetta, er fürcht' si vor'n Sturm,
Er fürcht't dös kloanst' Katzel, den klebersten Wurm,
Und wann eam a Floh auf der Hand spazier'n geht,
Er laßt'n spazier'n, — z' fanga traut er si'n nöt.

XII.

Der heilige Floriani.

—

D' Leut sein scho frei 'n Teufel z' schlecht,
Es is ean nix mehr heili.
Hab'n' s' gar 'n Floriani g'stohl'n,
's is do scho laut abscheuli.

Wo b' Grenz is zwischen Kerschental
Und Zweschbenbach g'rab mitten,
Da is er g'standen hundert Jahr
Als Schutzpatron für b' Hütten.

Jatzt is er weg und 's nutzt koa Schau'n,
Wia a bö Deaner rennan,
'n Florian, den finden s' nöt,
Weil s' halt 'n Diab nöt kennan.

Jatzt kamat aber d' aud're Frag',
Wer laßt'n a' wieder macha?
Tö Kerschentaler, bö sag'n: „Na!"
Mög'n b' andern a nöt nacha.

Na wer'n s' af' d' streitat lang und broat,
Toan häufti umadoktern,
Gibt koan's nöt nach; bein Streiten san
Schon Bauern dö verstocktern.

Beim G'richt is's drin, da müassen s' iatzt
Als Zeug'na alle eini,
Just nach'n Feyna is dös g'west,
G'rad' in der Frua um neuni.

Von Zweschbenbach, von Kerschental
San d' mehrern Maner drinnat.
Dahoam san nix wia b' Weiber g'west,
Da — wird a Hütten brinnat.

A rechter Wind tragt 's Feuer furt,
Der spielt si, der Hallobri.
In Kerschental brinnt b' hint're Seit',
In Zweschbenbach bö vobri.

Und koane Leut' nöt da, nöt dort!
Koa Mensch, der was verstunbat,
Und nöt amal — der Florian,
Der 's Feuer löschen kunntat.

Abrennt san b' Hütt'n umadum,
Dös Feuer hat si g'wasch'n,
Dö Reichern hab'n statt Hauf'n Geld
Nix wia — an Haufa Asch'n.

Das war a Lamatirarei,
A Schrocka und a Banga,
Da war'n s' sei dasi, dö zwoa Gmoa'n,
Und b' Streitlust is vaganga.

So langsam nur bau'n s' b' Hütten auf,
G'schwind aber, um Altmani —
Steht da und dort am Kirchaplatz —
A heiliger Floriani.

XIII.

In der Kränkung.

—

Z' tiaf, z' viel is s' kränkt; ihr Schatz, der Lümmel,
Hat s' eh in'n Leb'n scho hübsch was g'nennt,
Heunt aber, was er s' heunt hat g'hoaßen,
So hat s' ihr Lebta nu niх brennt.

Daß s' schmutzi is, woaß' s' eh. Der Stall macht's.
Ma kann nöt nur bein'n Weibling loan'n,
Und alle fünf Minuten waschen,
A Mensch hat bo wos anders z'toan.

Der hot koa Einseg'n, der s' da namelt,
Und ausspuckt nu a Weil dazua, —
Dö Kränkung geht ins Herz tiaf eini,
Von so an'n Schatz hat b' Mirzl g'nua.

Nix von der Liab will s' weiter wissen,

Schickt eam durch d' Botin d' letzten Grüaß,

Und all's verdriaßt's — neamt kann s' mehr halt'n,

In's Wasser geht s' und — wascht si b' Füaß!

XIV.

Dö Befferung.

—

'n Peterl packt's er muaß ins Bett,
An Dokter müaſſens ſ' hol'n,
Der finb't'n gar nöt guat bei'nanb,
Auf alle Seiten g'ſchwoll'n.

Der Peterl, ber bazählt eam all's.
Der Dokter kennt ben Fehler,
„Ja," ſagt er, „Mann, bös tuat koa guat,
Du ſteigſt all's z' oft in'n Keller.

A vier= a fünfmal alle Tag,
Dös is koa G'ſpoaß, mei Liaber.
Ta ſagt ber Magen na bazua:
Schwillſt auf unb kriagſt a Fiaber.

Nöt z' oft in Keller steig'n, paß auf,
Folg' nur in Gottes Nama,
So grat't's dir do leicht nu amal,
Du klaubst di wieder z'samma."

Der Peterl folgt, hat_'s Kellersteig'n
Dös ofte, überwunden,
Er steigt nur oanmal awi 's Tag's
Und nacher — bleibt er drunten.

———

XV.

A Sprüchel.

—

Wirf' neamt'n Prügel zwischen d' Füaß,
Sunst kann's dir g'scheg'n, glaub' mir,
Er hebt amal den Prügel auf
Und haut recht zua nach dir.

———

XVI.

D' Schwalb'n.

—

Nach'n Winter san f' ins Summerhaus,
Mit Käſten, Tiſch und Bänk',
Wöll'n d' Tür grad zuatoan, — los a mal,
Da pickt's drauſt! Wart's a wen'g.

Na, toan f' halt 's halbe Tür'l auf —
Was kimmt denn da in'n Saus?
Ja mei! — Tös san ja gar ſcho b' Schwalb'n —
Jatzt is's beinanda 's Haus.

„Sagt's, Viecherln, is eng do nix g'ſchegn?" —
„Belei — mir san ja feſt."
„Na und erzählt's do iatzt a wen'g,
Wo ſeit's denn üb'rall g'weſt?" —

„Wo wer'n wir g'weſt ſein, z' weitaſt furt,
Wo b' Leut ſan ſchwarz all'zand
Und wo va lauter Hitz koa Menſch
Vertragt a Stückel G'wand.

Da ſan wir g'weſt, und b' warme Luft,
Tö hat uns taugt, a ja ——
Wa's da bei eng nur halb's ſo hoaß,
Wir blieb'n eh' allweil da.“

„Und habt's nix mitbracht aus der Fremd'
An' Stoan, a g'ſchliſſa's Glas?“ —
„Na, — laari ſan wir aba nöt,
Wir hab'n eng aufg'hebt was.

Weil's ös in'n Herbst da zuasperrt's all's,
Und nia nöt eing'hoazt wird,
So hab'n wir 's Hausglück trag'n mit uns,
Daß 's nöt in'n Winter g'friert.

Und Obacht hab'n wir geb'n drauf dort,
Hab'n's g'hüat't am ganzen Flug,
Koa Stückerl fehlt, dös ganze Glück,
Dö Schwalben bringen's z'ruck."

XVII.

D' Eismaner.

—

Der liabe Gott schaut auf sein' Welt und acht't,
Na ja, weg'n was hätt' er's denn sunst a g'macht!
Und daß er zoogt, was er in'n Stand is glei,
Hat er an Monat g'macht, an wunbaschön'n, den Mai.

Da blüaht amal schon all's, was kann und mag,
Und greana wird's und liaba alle Tag;
Dö kloansti Staub'n, der größte Bam in Land,
Sö kriag'n iatzt mitanand a ganz frisch's Gwand.

Dös wiß's ja alle wohl, es is a alte Sach,
Wia Gott nöt schlaft, is a der Teufl allweil wach
Und siacht er, daß wo recht was Schön's entsteht,
Er macht a Sau drein g'wiß, es leidt' eam's nöt.

So hat er a den Mai verpaßt, der Sakrament,
Daß oans dös schöne Monat gar nöt kennt,
Und oft und oft is hin wor'n all's in oaner Nacht;
Da hat der schlechte Kerl von an Teufl g'lacht!

Der Herrgott aber hat si drobnat denkt:
„Hab' i der Welt den Mai amal scho g'schenkt,
So derf mir 'n a der Teufel nöt zerstör'n,
Weil d' Leut sunst gar all's z'kloanlaut wer'n.'

Und ruaft auf'n großen Allerheilig'nplatz
Tö Heilig'n drei; den Pankraz, Servaz, Bonifaz,
Und sagt: „Eng drei, eng gib i's pünktli auf,
Es schützt's mein'n Mai und schaut's recht drauf."

„O," sag'n dö heilig'n Manor, „Jesias ja,
's g'schiacht nimmer nix; wir san am Posten da!
Der Teufel soll's probier'n und uns ruinieren den Mai,
Wir hau'n 'n a z'ruck, daß alles kracht, wir san ja drei."

Und richti war a Ruah, so zwoa, drei Jahr,
Und weil da alles in Ordnung war,
Sagt Gott zu dö drei Heilig'n: „Secht's! als Lohn für enger Plag'
Habt's iatz — im Mai, glei nachanand 'n Namenstag!"

Dös war a Freud'; sa hoch san f' g'sprunga alle drei,
Hab'n g'essen, trunka fleißi, g'spielt dabei,
San lusti auf und lusti spat ins Bett
Und all's hab'n s' tan, nur Obacht geb'n hab'n s' nöt.

Der Teufel, der hat's kennt, fein is er halt,
Husch, kimmt er und auf oans, zwoa, drei wird's kalt.
All's war voll Eis, sogar in Himmel is all's g'fror'n!
Der Herrgott aber ruft dö drei voll Zorn.

„Schaut's her, 's is alles hin! mir sitz'n in der Batz,
Mein liaba Servaz, Pankraz, Bonifaz,
Marschiert's — und daß's eng's merkt's, so hoaßt's von heut'
Eismaner bis in alle Ewigkeit."

XVIII.

Zwoa Feila.

—

In schönsten Sunn= und Feitag'wand
Geh'n d' Heilig'n alle mitanand
Zu unsern Herrgott. — Auf amal
Is g'steckt voll heil'ge Leut sei Saal.

„Ja," sagt er, „mei, san s' alle da —
Was wöllt's denn, geht eng leicht was a,
Feihlt's in der Kost, hat's sunst an Hag'n?
Is wo was brocha, z'samma g'schlag'n?"

„Na," sagt der heili Augustin
Und stellt si vor bö andern hin,
„Da tat ma bi nöt plag'n damit,
Wir hab'n a ganz a and're Bitt':

Wir kränken uns herob'n so viel,
Daß drunt auf uns neamt denka will,
Sö ehr'n nur d' Anna, Sepp, Hans, Franz,
Auf d' andern, da vergessen s' ganz.

Und wir san heili g'rad wia dö,
Drum möcht' ma a dö Ehr' wia sö,
Drum möcht' ma a für unser Plag
An oag'na Allerheilig'ntag."

Der Herrgott b'sinnt si z'erst an Rand,
Gibt drauf 'n Augustin sei Hand,
Schaut freundli drein und lacht so g'wiß
Und sagt nix, wia: — „Bewilligt is's."

Da machen s' alle Buckerln schön
Und möchten wieder außigeh'n,
Der liabe Gott schreit s' z'ruck: „He, halt,
Bleibt's da — 's wird eng koa Suppen kalt.

I hab' mir g'rad was denkt bei mir,
San da und vor der Himmelstür
A Menge Seel'n, nöt zwider grad,
Nur, daß 's ean halt koan „Schein" trag'n hat.

Soll'n bö iaßt nix hab'n und ös all's?
Da kaman s' mir schön über'n Hals —
I bin nöt Gott für eng alloan,
I muaß für alle Seel'n was toan.

Und weil's es ganz g'wiß alle g'freut,
Denkt drunten wer auf sö a Zeit,
So soll'n si alle Seelen lab'n,
A wen'g an oag'na Feita hab'n.

Für eng soll'n b' Leut in b' Kircha geh'n,
Für b' andern soll'n s' zu'n Grab hin steh'n
Und Blcamln schöne b'rauf spendier'n,
's wa' eh schad, wann s' a so dafrier'n.

So will i 's hab'n und so soll's sein.
Kalenderleut, iatzt schreibt's es ein.
Zwoa Feita macht's, oan groß, oan kloan,
Und zwar in Herbst; da san nu koan."

D' Kalendermacher tuan danach,
Z'erst schreib'n s' den Allerheilig'ntag
Und Allerseel'n schreib'n s' nacher auf.
Wann's Zeit habt's, so vergeßt's nöt drauf.

———

XIX.

Der starke Hans.

—

San dö stärksten Mauer kuma,
Hab'n den Hans um d' Mitten gnuma,
Hätt'n den zun Knian gern 'bracht,
Hat der starke Hans nur g'lacht.

Steh'n blieb'n is er fest wia Tanna,
Schmeißt s' all'zand schö kloanweis dona.
Stopft si 's Pfeifel; — wia er geht,
Sagt er: „Knian?! i! — Tös secht's nöt.“

Ta hab'n s' g'schaut und san halt g'schlichen,
Ta, wo's weh tan hat, hab'n s' g'strichen
Und hab'n g'lamatiert — ja, ja,
Tem g'winnt 's Knian scho kvana a.

Bald drauf kimmt in's Dorf dö Kathi,
Recht a saub're Dirn, a drahti.
Siacht s' der Hans, vaschiaßt sie glei,
Wird vor Liab a Narr valei'.

Und was b' Stärksten nöt hab'n zwunga,
Was koan'n Riesen nöt wa' glunga,
Siah! Dö schwache Kathl kann's;
Wia s'n antupft — kniat der Hans.

———————

XX.

D' Hoamfuachung.

—

Der liabe Gott, der fitzt und schaut
Und denkt auf dös und das,
Auf oanmal springt er auf und ruaft:
„Wart's, heunt probier' i was.

I woaß a Haus, san eh' viel Leut,
Hab'n eh' schon Arbat gnua,
Tö suach i hoam — schick' auf Mittag
Vier Extragäst' dazua.

Da wir i seg'n, wia's ihna paßt,
Wia s' toan wer'n mitanand,
Denn, viere einig'schneibt ins Haus,
I woaß, dös is a Rand."

Tan hat er's, zuag'schaut hat er a,
Is frei ganz irri wor'n,
Dö Hausfrau hat nöt zuckt, nöt g'ruckt,
Hat nu koan Muat verlor'n.

„Woaßt, Petrus, dös is g'rad a so,“
Sagt iatzt der liebe Gott,
„Wia da, wo mei Herr Suhn amal
D' Leut ag'speist hat mit'n Brot.“

„Ja,“ sagt der Petrus, „mit dem Brot! —
Der Korb war gar nia la',
Und wann uns dö Frau g'holfa hätt',
Da hätt's a Fleisch geb'n a.“

Schadek, A bisserl was.   4

XXI.

Dö Teufelsnächt'.

—

Das war a Nacht,
Da hat all's kracht,
Da is dö Welt von hint' und vorn
Auf alle Seiten roglat wor'n.

Das war a Tob'n
Unt' und herob'n,
Da is der Teufel aus der Höll'
Auf d' Erd' kutschiert weg'n oaner Seel.

'n Lenz sei Wei
War meiner Treu
A Drachenweibl — i küss' d' Hand,
Bei der war aber all's beinand.

Bei Tag und Nacht
Hat s' nia nix g'macht,
Als keppelt, g'schrian, und hat ihr'n Mann
Grad alles, nur nix Guat's nöt tan.

Der Teufel drunt
Denkt: „Dö is g'sund,
So oane brauchat i grad da,
Dö paßt für mi, dö hol' i a."

Und wia der Bliß
Durch kloane Riß
Is mei Herr Teufel aufstollt,
Und hat si halt dö Lenzin g'holt.

Das war a Nacht,
's hat alles kracht,
Is alles durchananda g'flog'n,
So is in d' Höll die Lenzin zog'n.

Jatzt war a Ruah',
War eh' scho gnua,
Hat eh' scho neamt mehr g'wißt recht g'wiß.
Wo eam der Kopf steht, was 's denn is.

Drei Tag darnach,
Dös is a Sach,
Fangt's wieder zun rumor'na an,
Daß Viech und Mensch nöt schlafa kann.

Und wer hat mög'n,
Hat künna seg'n
'n Teufel auffliag'n aus der Höll. —
Heunt holt er aber neamt, der G'sell.

Na, g'rad konträr. —
Der Teufel, der
Hat in der kraupat schiachen Nacht —
Dö Lenzin wieder aufabracht.

———

XXII.

Der stille Bua.

—

Weil's halt d' Muater so gern möcht',
Er sollt' d' Plonerl nehma,
Laßt s' ihr s' auf Mittag amal,
Wia s' was hab'n g'rad, kema.

Und ihr'n Buab'n, den still'n, den sagt s':
„Hansel, red' bei'n Essen,
Daß d' nöt dasitz'st wia a Stock,
Wir' i di halt stößen."

Bei der Suppen tuat s' nu nix,
Gibt eam nu nix z' kenna,
Aber nach'n Rindfleisch glei
Kriagt er schon sein'n Renna.

Und bei'n Weinberlguglhupf,
Bei der zweiten Mugl,
Is er scho ganz grean und gelb,
Wia j' 'n stößt, am Buckl.

Na da red't er zwung'ner Weis';
Gott und gnua für's Mahl;
G'freut's a; und lad't f' all' zwoa ein
Sunta auf a Bratl.

Aber wos nöt 's Unglück will,
D' Muater g'schwillt in'n Füaßen.
„Ja, muaßt halt alloan hin, Bua,
Sag', i laß f' schön grüaßen."

No, den Gruaß, den richt't er aus,
Nacher hübsch bei Zeiten
Is er stad; wann's grad sein muaß
Hilft er si mit'n Deuten.

Grad wia zuapickt is eam's Maul,
Als wann's b' Angst z'samm pressat,
Tiaf auf seufzt der stille Bua:
„Wann mi nur wer stößat!"

——— ·—·

XXIII.

Grean Dunnerstag.

—

's hab'n d' Juden den Herrn Jesus g'roazt,
Und g'red't hab'n s' a spottschlecht,
Da hat er auf'n Dunnerstag
Am Ölberg g'jammert recht.

Was er eau tan hat, Wunder gnua,
A ganze Butt'n voll,
Es hat nix g'nutzt, g'rad weil er's kann,
So hab'n s' auf eam an' Groll.

Und wann ma siacht, ma hat für d' Plag
Nur Undank um und um,
Dös wird auf d' Letzt, wann's gar dick kimmt,
Sogar an'n Herrgott z' dumm.

So geht's halt 'n Herrn Jesus a,
Verdrossen schaut er drein:
„Kann i denn gar koa Freud' nöt hab'n,
Muaß denn dös richti sein?" —

Sei Vata drob'n, der siacht'n knian,
Erbarmt eam do valei,
„Wart," sagt er, „wart, a wen'g a Freud',
Dö sollst erleb'n, und glei." —

Her geht er, schafft's g'schwind üb'rall an,
Wo si a Staub'n nur rührt,
Daß s' glei, was s' kann, recht außatreibt
Und grean und sauber wird.

Da hab'n s' es gnädi mitanand,
Dö Bötzeln springen auf.
Wo erst nur kahle Asteln war'n,
San greane Blatt'ln drauf.

Auf alle Eck' und End' wird's grean,
Gar ninderscht hat was g'fehlt.
Der liabe Gott, der schaut si's an:
‚Jatzt g'fallt mir selb'n mei Welt.'

Erst der Herr Jesus, wia er siacht
All's grean, beim Abageh'n,
Verliert sei ganze Traurigkeit:
„Na, bös is aber schön!

Mei Vater kann's; is b' Welt so öd,
Daß s' oans scho nimma mag,
Er bringt's scho ein, er macht halt g'schwind
An' schön'n — grean'n Dunnerstag."

XXIV.

A Gebitt'.

—

Ja, sie hat'n gern, ihr'n Wastl,
Er is grad koa Schönheitsperl,
Is koa Kirchaliacht nöt; aber
Er is oans — a guater Kerl.

Und so laßt er s' nia nöt hinten,
Führt s' auf d' Kirta aus, auf d' Musi,
Denn recht tanzen und fest umsliag'n,
Dös is ihr dö liabste G'spusi.

San heunt a bei'n Tanz; — cam dankt sie's,
Schaut'n an glückseli, z'frieden.
„Geht's dir guat, Seff?" —„I ja, Wastl,
Möcht' di nur um van'n G'fall'n bitten:

Hab' mein' rechten Fuaß grad ang'schaut,
Der is ganz bis hint' van' Röten,
Wann wir wieder Landler tanzen,
Magst mi nöt auf'n linken treten?!"

— — ——

XXV.

's kloan' Bamerl.

—

Es rauscht am Markt' va lauter Bam,
Mit greane Afteln, g'rad'n Stamm'.
Dö größern nehmen d' schönern Leut,
Dö kloanern d' Leut, dö 's wohlsti g'freut.
Nur 's allerkloanste Bamerl siah,
Da find't si gar ka Kauf dafür,
Hat eh' scho g'nua, der Bauer, gelt;
,Na', denkt er si, ,'s is a nöt g'sehlt,
Und find't si gar ka Kaser mehr,
's is a recht, no so schenkt ma's her.'
's is g'red't und g'scheg'n; der Bauer loant,
Da kimmt a Dirndl und dös woant.
„Was hast denn?" — „Christbam hab' i koan,
's is b' Muata frank, sunst hätt' i oan."
„So, — geh' halt her und nimm dir den."
„O mei, i dank' — is der halt schön."

Und 's kloane Dirndl packt'n glei,
Fliagt fort damit, wia' Vogel frei.
Na kimmt's halt hoam: „Jaßt, Muata, los,
An Christbam hab' i, just nöt groß,
Na bleib' nur lieg'n in Bett sein drin,
J brauch di nöt. Aufs Fenster hin,
Da stell' i g'schwind a wen'g a Liacht,
Wann 's Christkindl fliagt, daß glabast siacht,
Daß 's da an Christbam gibt ja wohl
Und — daß's a wen'g was drauf geb'n soll.
Rennt's aus 's kloan Dirndl, plaudert's aus,
Wo's nur wen find't, im ganzen Haus, —
Auf b' Letzt hat sie's der Hausfrau g'sagt,
Daß d' Mutta so bö Huasten plagt,
Und daß ihr wer an Bam hat g'schenkt,
Auf dem halt freili nu nix hängt.

Moant b' Hausfrau: „Db's b' halt brav bift recht?!"

„Glaub's fcho, i fchlimm fein, wa' nöt fchlecht!

Is fchon bö Huaften fchlimm und gnua,

Braucht b' Muata nix mehr Schlimm's dazua."

„'s is guat, wann's b' brav bift, g'rat't's dir, Kind,

Daß 's Chriftkindl do zu eng no find't; —

Nur woaßt, muaßt iatzt in b' Kircha geh'n

Und beten muaßt halt a recht fchön."

Mei Dirndl folgt und rennt, was 's kann,

Und fingt halt unfern Herrgott an,

Daß er fei Chriftkind wahr und g'wiß

Zu ihna fchickt, bald's finfta is.

Na, finfter wird's, der Seg'n is z' End,

Und hoam rennt's, wia a Wiefel rennt,

Macht b' Tür auf — Jeffas Mari — ja,

's Chriftkindl war richti da.

Schadel, A bifferl was.   5

Das Glück — dö Menge Backerei,
A Dockerl, das is a dabei.
Und Schuah und Strümpf — a Kloabl gar,
Ja, 's Dirndl wird a ganzer Narr.
Was d' Muater tuat, ma siacht's nöt schier,
Für d' Aug'n halt't s' allweil 's Tüachel für,
Es beißt's was, sagt s', ob's wahr g'west is,
Na, glaub' ma's halt, wer woaß 's denn g'wiß.
Spat, spat auf d' Nacht kimmt 's Kind ins Bett,
Und schlafa kann's besweg'n no nöt.
Wia's schlafat wird, is nu nöt stad,
In Tram redt's, wia's neuch' Kloabl tat
Und dankt den Bauer für 'n Bam recht viel,
'n Christkindl a und oft is 's still. —
's kloan Bamerl aber denkt si: ‚Schau,
Betracht't ma jatzt bö G'schicht ganz g'nau,

Sö hab'n mi all'sand recht veracht't,
Auf d' Seit g'setzt und aus mir nix g'macht.
Und siah — so kloan i bin und schwach,
Dö Freud, dö i dem Kindl mach'!'
Drum dearf der Kloan' nöt ängstli wer'n,
Und moan'n — er kunnt für gar nix g'hör'n.
J hab's iatzt g'seg'n und i sag' das:
„Wann Gott will, grat't 'n Kloanst'n was."

5*

XXVI.

Waldmoaſter.

—

Denkt ſi der Herrgott in 'n Himmel,
‚Wart', iaßt is Mai, is nöt kalt,
Schön is mei Welt, in der Blüah all's,
I geh' a wengerl in 'n Wald.‘

No und ſo is er bald drunten,
Mitten in' Wald geht er um,
D' Waldbleaml'n ſag'n ſchön: „Küſſ' d' Hand, Herr!"
Und machen Buckerln frumm.

Lobt er ſ' recht, laßt ſi dö Nam' ſag'n,
Bis er oans ſiacht ganz verſteckt.
Eh' nur kloamwunzi, nöt ſchön g'rad,
Aber a Freud is 's, wia's ſchmeckt.

„Wia hoaßt denn du?" -- „O du mein Gott,
Bitt' di," sag i', „mir hab'n i' koan'n geb'n.
I mit mein'n G'wachst, mit mein'n niadern,
I kann a ohne Nam' leb'n."

„O," sagt der liabe Gott, „Bleaml,
Du machst di gar all's z'g'ring schier,
Schau'n d' andern reich aus vo drausten,
Du hast dein'n Reichtum in dir.

Und was a G'schöpf Guat's in eam hat,
Gilt bei mir mehr, als der Schein,
Hab'n s' dir koan Nam' geb'n, gib i dir 'n, --
Du sollst -- der Woaldmoaster sein."

XXVII.

Bei der Muater.

—

Wann a 's Kind in der Wiag'n drin
Nu so woach liegt und ruaht,
To schreit's, d' Mauter soll's nehma,
Bei der Muater is 's guat. —

Und wann's gar is mit'n Umtrag'n,
Taß' 's auf'n Füaßen steh'n tuat,
Kimmt's do glei g'haxelt: „Weiß' mi',"
Bei der Muater is 's guat.

Hört' si auf mit'n Weisen,
Nimmt a End' mit der Huat.
Und kimmt d' Schul' — taugt eam gar nöt,
Bei der Muater is 's guat.

Und kimmt b' Fremb'; is nu schlechter,
Da hoaßt's Kälten trag'n, Gluat,
Und nix sag'n; da is 's grausli,
Bei der Muater is 's guat.

Ja, es leid't 'n braust' nimmer,
Er nimmt Ranzen und Huat
Und da is er; woant, lacht z'gleich,
Bei der Muater is 's guat. —

Da is 's allweil am besten,
Denn schaut's, was eng's Leb'n tuat,
So lang's dö habt's, geht's nia g'fehlt,
Bei der Muater is 's guat. —

XXVIII.

D' Adlerfeder.

—

So a Federn von Adler
Hätt' er gern drob'n auf 'n Huat,
Denn da schaueten b' Leut' recht,
Und es stanbat eam guat.

Also krailt er auf b' Felsen,
Spannt sei G'wehr, halt't b' Aug'n wach, .
Wia der Adler dort aufsliagt,
Bums — so schiaßt er eam nach.

Laßt's scho drei Sunta krach'n
Allemal a paar Stund,
Und bös Mistviech, der Adler,
War gar nia nu so g'sund.

Erst am Sunta, an vierten,
War der Raubschütz erlöst,
D' schwarze Federn von Adler
Steckt am Hüatl drob'n fest.

Stolz wia Prinz ziagt er ein heunt,
Mit der Federn in d' Stadt,
Weil der Adler aus Mitleid'n
Dane fall'n lassen hat.

XXIX.

D' neuche Muater.

—

's is b' Muater g'storb'n, d' kloan'n Kinda woanen,
Sö hör'n nöt auf a ganze Zeit;
Erbarma toan scho all'n bö Woaseln,
Na und so trösten s' halt bö Leut.

„Zecht's," sagt der oane, „müaßt's nöt slenna,
Der liabe Gott, der all's vasteht,
Hat b' Muater braucht im Himmel drob'n
Und hat ihr g'ruast, daß s' auffi geht."

Dö Kinder moanan, es war richti,
Schau'n fleißi hin aufs Firmament,
Ob si denn b' Muater nindascht seg'n laßt,
Und ob ma s' dort nöt wo dakennt.

Vagehjt a Weil, da kimmt der Vater,
A mitter's Weibsbild, dö kimmt a.
„Dös wird iatzt enga neuche Muater,"
So sagt er; b' Kinder schau'n bockfta'r.

Hat's wahr g'macht, Hozat hat er g'halt'n,
Dö neuche Muater kimmt ins Haus,
Und b' Kinder g'fpür'n's, dö kann's felier'n,
Kimmt aus'n Greina gar nöt draus.

Bei'n Tag, da derf fie koan's nöt muckfen,
Na mein Gott, funft wa's häufti g'feihlt.
Wia aber b' Nacht kimmt, wann's alloan fan,
Da zaant der Hanfl, b' Everl heult.

Und oanmal, wia halt d' neuche Muater
An ganzen Tag hat räsoniert,
Da nimmt auf d' Nacht der Hausl d' Everl,
Hat' s' hoamli auf'n Freithof g'führt.

Wo 's Kreuz g'setzt is für d' alte Muater,
Da knian s' schö hin, wia's a si g'hört,
Und beten alle zwoa langmächti,
Daß 's ja g'wiß unser Herrgott hört.

„Wann's d' unser' Muater, dö du g'holt hast,
Baleicht nöt brauchast mehr bei dir,   ·
Geh', schick' s' uns z'ruck und wann's g'rad sein kann —
So nimm dir d' neuche glei dafür."

XXX.

Der Heiratshimmel.

—

Mit lauter Schmeicheln, Bitten, Betteln
Hab'n f' ihr's erlaubt. — „So nimm dein' Schatz."
Da tanzt f' und springt und 's Herz macht d' Musi,
Sie moant valei, den Himmel hat f'.

In den Glaub'n is f' als Bäu'rin aufzog'n,
Glückseli ruaft f' nu zua der Moam:
„Vergiß nöt, wann's d' a bissel Zeit hast,
So suach mi in mein'n Himmel hoam."

A Jahrl braucht's bis d' Moam dazua kimmt.
A f' d' wird's a mal, und sie is da,
Dazählt ihr d' Bäu'rin, wia's ihr geht, all's
G'halt' f' auf Mittag und d' Moam roast a.

„Wos macht der Heiratshimmel," frag'n s' b' Leut'.
„Er b'steht schön," sagt s', „is nu nöt weg.
Ganz rein wohl is er nöt, ma siacht nur
Faht da und dort wo — blaue Fleck."

— — ·· —

XXXI.

's Landmadl.

—

's erstemal is s' eing'lad'n heunt
In der Stadt auf's Fei'ta'essen;
All's was guat und teuer is,
Kriagt s' in alle Form' und Größen.

No, ihr schmeckt's; sie ißt, was kimmt, —
Macht a koane Sponponaden,
D' Hendelbüagetn nimmt s' in d' Haub,
D' Fisch beißt s' z'samm bis auf dö Graten.

Backerei pampft s' eini; — Birn,
Große Traub'n mit süaße Bee'ln,
Und wia s' nix mehr bringen, fragt s':
„Sö, wann keman denn dö Knödeln?"

XXXII.

D' Wettahütt'n.

———

Fürs Wetta is dö Hütt'n g'macht
Aus Tannaholz und Fichten,
Wann's reg'nt und sturmt, wann's blitzt und kracht,
Da kannst di eini flüchten.

Am Berg steht' s' ob'n, z'höchst in der Höh',
Ins Tal grüaßt's als a tecka,
„Kemt's auffa, Leut, iatzt braucht's eng eh'
Vor'n Wetta nimma z' schrecka.“

Von alle Seiten frank und frei
Schaut s' hin auf b' Wolken trutzi:
„Gebt's eng koa Müah, i sag' eng's glei,
Geg'n mi seid's do nix nutzi.“

A Plag war's scho bis f' firti war,
Hat Arbat kost't und Schwitzen,
Drum künau aber hundert Jahr
D' Leut ruawi drinnat sitzen.

Steig' aufi, schau d'r f' ord'ntli au,
Der Weg hin is bald g'fund'n,
Und g'freut's di drobnat nimma, no —
Fall abi, bist bald unt'n.

———

XXXIII.

Der Andere.

—

Zwoa hätt'n gern dö Kathl mög'n,
Der Andres und der Muck.
Sie hat dem Muckerl 's Jawort geb'n,
Der Andres muaß halt z'ruck.

Der hat seitdem zu nix a Freud,
Koan'n Schlaf, koa guate Stund,
Daus möcht' er nur, all's nieder hau'n,
Dös tat er, wann er's kunnt.

's wird Ernst; dö Kathl wird kupliert,
All's rennt der Kircha zua,
Der Andres a — vor d' Kirchatür
Stellt sie der arme Bua.

Drin ruafen j' unfern Herrgott an,
Daß 's guat der Kathl grat't.
Der Andres bitt't den Teufel drauft,
Daß j' gar koa Glück nöt hat.

Sö keman z'ruck, dö Kathl fiacht
Den Andres, wia er loant
So z'raft und wild, fo blaß dabei,
Sie fchaut 'n an und — woant.

Da is 's, als gab's eam grad an Stich,
Es war eam nia nöt fo,
Z'famm finkt er: „Gelt, mei Kathl, gelt,
Loab tua i dir halt do."

In's Kircherl schaut er, all's is draust,
Der Mesner nur is drin
Da rennt er füri zum Altar
Und zitternd kniat er hin.

Der Herrgott schreibt si' s' alle ein,
Wia' s' hab'n für d' Kathl bet't,
Ganz z'oberst aber schreibt er hin —
Den Andres sei Gebet.

XXXIV.

's Kreuzel.

·

A golda's Kreuzl hängt in' Lab'n,
Dös is halt gar so schön,
Sagt d' Lois: „Dös Kreuzel g'fallat mir,
Dös stundat mir halt schön."

Je mehr s' vabei geht, desto mehr
Kriagt s' Freud und Schneid für'n G'schmuck
Und wann s' a scho vabei is g'west,
Sie geht gern wieder z'ruck.

Dös Kreuzel war ihr liabster Wunsch,
Ihr allerschönst's Bestreb'n.
„Ja," moant s', „hätt' i dös Kreuz, i gab'
A Jahr her von mein'n Leb'n.

Und richti hat sie's kriagt amal,
Wöllt's ös leicht wissen, wia?
Sie hat koa Jahr nöt hergeb'n drum, —
Sie hat oans kriagt dafür.

XXXV.

Der guate Tag.

—

So viel kluag san s' gern, dö Alten,
So viel spar'n toan s' alle zwoa,
Auf ean'n bisserl Geld da sitzen s',
Wia a Henbel auf an' Da. —

's Glück hat s' mit an Terno hoamg'suacht
Und das ganze Dörfel schreit:
„Wann's eng heunt koan guaten Tag tait's,
Da seib's aber wol nöt g'scheit."

Raucht ean bo a wen'g in b' Nasen,
„All's," sag'n s', „hat sei Ziel und Maß,
Wir san allweil sunst bahoam blieb'n,
Aber heunt — heunt toan wir was."

Und bös g'schiacht. — Bei'n Gmoanwirt drunten,
Is heunt Musi, Fresserei,
Dös benutzen s'. — So geg'n achte,
Gengan s' zwoamal dort vabei.

———

XXXVI.

Der arme Teufel.

—

Der Teufel schickt an G'sell'n auf b' Welt.
„Probier dei Glück und suach halt,
Schau, daß d' uns Seel'n für d' Höll daglengst,
Geht's guat nöt, woaßt, so fluach halt."

Der G'sell kimmt auffi, macht's z'erst fein,
Wird nacha all'weil gröber,
Es geht eam aba neamt am Leim,
Sei G'winn is schreckbar kleber.

Denn wohl sei Mail, dös war nöt schlecht,
Er kunt si drauf verlass'n,
Nur siacht er, 's Reb'n alloan tuat's nöt.
Er müaßt was springa lass'n.

Und wia er fort is in der Eil',
Glei nach'n Fruahstuckess'n,
Da is 's nur ganga „tummeln g'schwind", —
Da hat er 's Geld vergess'n.

Na iatzt is 's g'scheg'n, laar muaßt er z'ruck
In's Höllenfeuer wieder,
Zun Moaster schleicht er kloanlaut hin,
Schlagt b' Aug'n am Boden nieder.

„Was is 's," fragt der, — „was hast denn bracht?
Wo hast dö Seel'n, möcht's wissen!
Was? Nix hast kriagt? Du schlechter Lump!
Na wart nur, iatzt wirst z'rissen!"

Der G'sell, der zittert umadum
Von Fuaß bis zu dö Hörndln.
„I hätt' scho Seel'n kriagt, mehras als
Am Himmel drob'n sein Sterndln.

Nur 's Geld hat g'feihlt; und dös is g'wiß,
Und da gibt's gar koan'n Zweifel,
Wer 's Geld hat, ja, der kann drob'n all's,
Und nix — der arme Teufel."

XXXVII.

Dö letzte Bitt'.

—

'n Figlmann plagt allerhand
Von Kopf an bis zu 'n Füaßen,
All's, was er g'fehlt und g'sündigt hat,
Jatzt muaß er's dreimal büaßen.

Der Bader kimmt, er woaß eam nix,
D' Stadtdoktern und Professer,
Dö red'n eam wohl lateinisch zua,
Wird aber a nöt besser.

Da moant der Pfarrer: „Figlmann,
Jatzt schau, leicht kann's di rett'n,
Wann's d' hingangst auf an Gnadenort
Und tat'st dort fleißi bet'n."

Der Figlmann befolgt den Rat,
Geht richti kirifürten
Und bet't halt, was er bet'n kann,
D' Maria sollt' 'n a' b'hüaten.

Aufs erstemal geht 's Kopfleid'n weg
Und 's zweitemal dö Tippeln,
Beim drittenmal fliagt b' Gicht davon,
Er kann schö b' Händ' fest rippeln.

Jatzt moant dö heili Jungfrau do,
Jatzt wurd' er nimma kema.
Dankt hat er ihr, z' toan hat j' mehr nix,
Kunnt' eam koa Krankheit nehma.

Schau, schau, wen siacht s' auf oamal burt,
'n Figlmann, den Schlankel.
Er halt't a d' Händ' zun Bitten z'samm,
Kniat frumm in Kirchabankel.

„Was willst den no," sagt d' Heilige,
„Hast eh' scho g'sunde Glieder
Und 's feihlt dir nix mehr. Sag' mir, was
Sekierst mi denn scho wieder?"

„Ja," bet't er, „mir feihlt do nu was,
Und wann's d' di nöt z' stark kränkast,
Wa' d' letzte Bitt', daß d' mir halt no
's Geld für dö Doktern schenkast."

XXXVIII.

Der Z'fried'ne.

—

Der Höflbauer, der hat Mühsal gnua,
Er greint nöt drum, er lacht dazua,
Er sagt, feiht's eam glei da und da,
„Mei, i bi z'frieden, Jessas ja."

Sei Wei, dö keppelt, 's g'fallt nöt jed'n,
Der Höflbauer laßt's halt red'n.
Wirft s' eam a Rein' nach, moant er g'wiß:
„Bi z'frieden, daß nix drin g'west is."

Sö stehl'n eam's Sacherl aus der Lad,
'n Höflbauern g'freut's nöt g'rad.
's is aber weg'n den do nöt aus,
„Bi z'frieden" — summst er — „hab' ja 's Haus."

Sei Haus brinnt a, wohl hat's 'n g'schreckt,
Es hat si aber wieda g'legt.
„Ja, mei, so kimmt halt was, na eb'n,
Bi z'fried'n, schaut's, i hab' ja 's Leb'n."

Da wird er krank, rechtschaffa a,
Kriagt d' Husten und a Podagra,
Der Höslbauer klagt koa Stund',
„Bi z'fried'n, denn mei Mag'n is g'sund."

Zun Sterb'n kimmt's; 's kloane Glöckel läut't,
Er kann nix red'n, legt si auf d' Seit'.
A kloana Seufzer — — oft is 's Rest —
Sei G'sicht lacht: „I — — bi z'frieden g'west."

XXXIX.

Der Gattern.

—

Das Platzl bein Gattern
Is so viel schön g'leg'n,
Da kann oan'n, wann's finster is,
Neamt so leicht seg'n.

To stengan' j', der Lenzel
Und dö Lisel, sei Schatz,
Dö nahmen den Himmel nöt
Für den schön'n Platz.

D' Händ' hab'n j' fest umschlunga,
Schau'n auffi in d' Stern
Und red'n nix und schau'n nur
Und hab'n si halt gern.

Auf oanmal da hört ma
An Fluach und an Schroa,
Der Gattern is brocha,
Da lieg'n s' alle zwoa.

T' Leut' rennan glei zuwa,
War dös a Getös!
Und seg'n dö Kramuri,
Wer glaubat den dös?

Hoaßt's aufsteh'n, davon geh'n,
A z'wid're G'schicht', —
Sie woant und der Bua macht
Sei allerdummst's G'sicht.

All's muaß ma bedenka,
Tö Regel is alt. —
Steht's hin zu an Gattern,
Schaut's z'erst, ob er halt't.

XL.

Um sieb'nten Tag.

—

Der liabe Gott ruft d' Engeln z'samm:
„Geht's heunt schön zeitli schlafen,
Morg'n schaut's mir zua; morg'n fang i an.“
„Was tuast denn?“ — „D' Welt erschaffen.“

Und richti geht er's an mit Lust,
Recht hat er sie beflissen;
Was alles wird! — Dö Engeln hab'n
Nur Aug'n und Mail aufg'riss'n.

Wia aber d' Eva kema is,
Liab, schön, halt all's; potztausend! —
San s' laut wor'n und a Jubel war,
Wia Dunnawetter brausend.

So war'n g'rad sechs Tag ang'wendt guat,
Am sieb'nten keman d' Engel,
Und bitten: „Liaber Gott, sei guat,
Erschaff' nu was a wengel." —

Der liabe Gott schaut s' freundli an:
„Gel' ja, es hat eng allen,
Wia's d' Eva gestern g'seg'n g'habt habt's,
Dös G'schöpf scho mehr als g'fallen.

Das erste Weib! — Wia's umgeht drunt
In' jungen Schönheitsschimmer,
Mei Moasterstuck is's; i hör' auf, —
Was Schöner's kann i nimmer."

XLI.

's Betbüachl.

—

Allweil so oft s' a in d' Mess' geht,
G'wiß hat s' ihr Betbüachel mit,
Bet't draus für Vater und Muater,
Für dö ganz' Freundschaft hat s' bit't.

Weil a für alle was drin steht
Bis auf dö letzte Frau Moam,
Wia's der Herr Lehrer nöt z'sammbracht,
Setzt er an'n Spruch auf dahoam.

Is a kommod's, a guat's Büachel,
D' Nandl halt's hoch, hoch in Ehr'n,
Bis am Dreifaltigkeitssunta,
Seit der Zeit hat sie's nöt gern.

Nimmt's nimmer mit a in d' Kirchen,

Denn iatzt hat f' oans nur in 'n Sinn,

Nur für ihr'n Franzl möcht' f' beten,

Und — für an' Schatz steht nix drin. —

XLII.

A wen'g a Wittiber.

—

D' Stoanbäu'rin muaß wo in a Bad
Vier Wocha weg'n ihr'n Mag'n;
„Mei," sag'n dö Nachbarn, „wia wird dös
Ihr Mann, da Hiasl, trag'n."

Koan'n oanzig'n Tag war'n s' nu vonand,
Was wird denn dös so wer'n,
Kann iatzt der Hiasl wochenlang
Sei Wei nöt brumma hör'n.

Denn wißt's, er is a stiller Mann,
Duckt all'weil fürchterli,
Er hat nur d' Hosentrager an,
Und d' Hosen, — dö hat sie.

Es kimmt dö Stund', wo s' roasen muaß;
Wia s' einsteigt und fahrt furt,
Da sagt der Hiasl: „Mir is g'rad,
Wia wann i Witwer wurd'."

Tö ersten Tag', dös war a Kreuz!
Da hat er lamatiert!
Ma hätt' frei g'moant scho iatzt und iatzt,
Ja! — daß er narrisch wird.

's is aber wieder besser wor'n. —
So nach der halben Zeit,
Da geht der Hiasl mit sein'n Schmerz
Do kloanweis unter d' Leut'.

.

Dö dritte Wocha traut er si
Zun Wirt gar auf an Plausch,
Ja, und am Sunta wird er keck,
Da kriagt er gar an'n Rausch.

G'rad in dö allerletzten Tag',
Da packt's 'n wieder fest, —
Da is er wieder, g'rad wia eh',
So still und kloanlaut g'west.

Daß 's weg'n sein Wei is, das is g'wiß,
Nur woaß ma halt nöt b'stimmt,
Is 's, weil's scho so lang ausblieb'n is,
Is 's, weil's — scho so bald kimmt.

XLIII.

Unſer Land.

— ..

Wo is a Land, das wia das unſ're
Dem lieben Gott ſo g'raten hat,
Wo's all's gibt, was ma guat kann braucha,
Nöt z'viel, nöt z'wen'g, halt's recht g'rad.

Wo is glei alles ſo ſchön einteilt,
Bald Berg, bald Eb'n', da Feld, dort Wald.
Wo gibt's ſo g'ſchickte kloane Waſſerln,
Und wo is, ſagt's, a Doano bald?

Wo gibt's ſo liabe kloane Törfeln,
Und Mark'fleck', Stadtl'n nachauand,
Ja, nöt nur Stadtl'n, große Stadtgmoan'n,
Und Wean? hat dös glei wo a Land?

Wo is a Volksstamm, wia der uns're,
Mit so an'n guaten, g'sunden Kern,
Wo aber kann a' 's Volk glei hinzoag'n
Auf so an'n Koaser, so an'n Herrn!

I laß ja all's leb'n, und tua neamt nix,
Mir hat ja a nu neamt was tan,
Wann s' aber frag'n: „Wer soll denn z'erst leb'n?"
Da sag' i: „Österreich voran!"

XLIV.

Zun End'.

— ..

Es wechseln d' Sprücheln grad' a so,
Wia bei bö Weiber d' Mod'.
Dans woaß i, dös hat all'weil B'stand',
Dös Sprüchel hoaßt — B'siat Gott.

Inhalt.

— 111 —

Druck von Rudolf M. Rohrer in Brünn.

Daſs d' Zeit vergeht.

———

Dass d' Zeit vergeht.

Gedichte

in

niederösterreichischer Mundart

von

Moriz Schadek.

Zweite vermehrte Auflage.

Wien,
Verlag von Carl Konegen.
1897.

K. und k. Hofbuchdrucker Fr Winiker & Schickardt, Brünn.

Was i sag'n will.

—

I woaß, daß mei kloan's Büachel da
   Nöt viel versteht,
Zu oan'n nur, moan i, hilft's eng do —
   Daß d' Zeit vergeht.

———

I.

' D'Auferstehung.

—

Bim, bam, bim, bam, Auferstehung,
Christ'l, no was is's mit dir —
Magst denn richti heunt in Bett bleib'n?
Magst nöt aus a wen'g vor b' Thür?

Laß dir 's Fenster aufthoan! — So, recht
G'spürst dös Lüfterl, lind und süaß?
Dös ziag ein, da kimmst zu Kräften,
Bo der G'sundheit bringt's bir Grüaß.

Siagst'n Sunnschein einablitzen,
„Christ'l, sagt er, is dir kalt?
Wann di friert, heunt brauchst nöt bang z'sein,
Kann's scho heunt, — i warm' di halt."

Hörst dö Glocken drausten klinga:
„Kreuz und Leiden san vobei,
Bim, bam, bim, bam, Auferstehung,
's Guate all's kimmt iatzt an d' Reih'."

Na, wann's do wa'! — denkt der Christ'l,
Dan'n Fuaß thua i außi, — ja! —
's kimmt der andre a stad nachi,
Siah, auf oanmal steht er da.

Macht eahm nix — — er schliaft in d' Hosen,
Legt si schön und sauber an,
Fahrt in d' Schlapfa und probiert's halt,
Ob er's geh'n a wen'g nu kann.

Na vasteht si — langsam freili,
Aber mein Gott, geh'n thuat's do.
Thür auf! — steht schon auf'n Schwella;
Lacht eahm 's Herz da, is er froh!

Grad um's Eck, da siacht er s' kema,
Vorn der Himmel, hint' dö G'moan.
Grüaßt'n all's scho vo der Weiten,
G'freut sie all's recht, Groß und Kloan.

Ziag'n s' vabei iatzt bei sein'n Hüttel,
Bleibt der Pfarra extra steh'n.
„Daß D' mi aufersteh'n hast lassen,"
Bet't der Christ'l, „dank Dir schön.

I wir nia den Tag vergessen,
Mei Herr Jesus, sicher nöt,
Wo wir all' zwoa san erstanden,
Du von Grab und i — von Bett."

————— —— ——

II.

Der Kamp.

—

Dö Staud'n, dö kloan'n, dö grean'n bein Ufer,
Dö stecken Zweig und Asteln z'samm:
„Heunt rauscht der Kamp ja völli anders,
Was muaß denn nur dös Wasser hab'n.“

Ja, heunt halt! — Siacht er Wald'l'n, Gart'l'n,
Da blinzt er hin: „Schaut's auf a wen'g,
Daß 's schön seib's, liab zun Anschau'n alle,
Es kimmt was eina da zu eng.“

Dö Mühl'n, dö treibt er nachanander,
Iatzt hoaßt's a bissel g'schwinder geh'n,
Wer'n mehr Leut iatzt zun Mal'n bald kema,
Da thuat's es nimmer mehr mit'n Steh'n.

Auf d' alten Schlösser ruaft er auffi:
„Du heilig's, still's, alt's Alterthum,
Wann d' Leut iatzt drob'n recht umakraxeln,
I bitt' di recht schön, fall' nöt um." —

Froh ziagt er hin, er rauscht kreuzlusti,
Und üb'rall meld't er's z'lautast an:
„Iatzt san mir a was da in'n Kampthal,
Der Kamp, der kriagt — a Eisenbahn!"

———

III.

's arme Dirndl.

Gar nix hat's, dös arme Dirndl,
Hat koa Ketterl, koani Ring,
Gar nix glanzt an ihr, nix funkelt,
Gar nix hat's, dös arme Ding.

Und auf'n Kirta möcht' s' halt do geh'n,
Dass s' recht sitzen bleibt, denkt s' wohl,
Zwider is's, nu zwidrer aber,
Wann oans ganz dahoam bleib'n soll.

Hingeh'n thuat's, ganz bei der Seit' hin,
Pafst halt hint', ob's do wer find't.
Unter alle putzten Dirndln
Sie, das oanzi' arme Kind.

Wia f' so dasitzt, recht valassen,
Als ob's gar nöt da wa' recht,
Da dabarmt f' den liaben Gott drob'n:
„Sitzen bleib'n sollst? Wa' nöt schlecht.“

Ihre Augen lasst er funkeln
Schöner als wia Edelstoan,
's glanzt ihr Hoar, dass gold'ne Kett'n
A nöt schöner glanzen thoan.

D' Wangerln glüah'n wia d' schönsten Rosen,
Wann's recht blüah'n in aller Pracht,
Und aus ihre weißen Zahndln
Hat er lauter Perl'n g'macht.

So, iatzt schaut's eng's an, 's arm' Dirndl.
Holla, keman kloanweis schon,
In der Still sagt's der zun andern:
„Du, dös Dirndl hint' schau an."

„Na dö Schönheit, na dös G'sichtel."
„Dirndl, geh, i möcht' an'n Tanz."
Alle nehman's: dass s' koan'n G'schmuck hat,
Mei, auf dös vagessen s' ganz.

„Ja, dö Freud'! Wer hätt' denn dös denkt,
Dass 's mir so guat heunt nu geht,
Als wa' i am schönsten z'samng'stimmt;
Und hab' do koa Flinserl nöt."

„Wart' a wen'g, leicht fallt's dir ein nu,
Kimmst auf b' Letzt do numal d'rauf,
Daß am schönsten putzt is 's Dirndl,
Putzt's der Herrgott selber auf."

———————

IV.

D' Muaterliab.

—

Wia 's erste Kind gebor'n g'west is,
Fragt d' Muater Gott den Herrn:
„Jatzt red', was soll i thoan damit?"
„No," moant er, „hab's halt gern."

Sie thuat's, hat's gern und wart't's und pflegt's,
Schaut recht, daß 's wachst und wird,
All's gibt's eahm gnua, all's lernt's eahm a
Und hüat't's, daß's nia was irrt.

Sie hat koa Freud' mit sunst nix mehr,
Mag sunst vo nix was hör'n,
Mag ninderscht hin, bleibt schö dahoam
Und hat halt 's Kindl gern.

Der liebe Gott, wia's der so siacht:
„Dös," sagt er, „g'fallt mir grad,
Akemma derf dös nimmermehr,
Um so a Liab war schad'."

Drum, wechselt all's a auf der Welt
Und is's bald schön, bald trüab,
Dans gibt's, was all'weil gleich blieb'n is,
Und dös is — d' Muaterliab.

——— ——

V.

Der Himmelsschlüssel.

—

'n heilig'n Petrus hat amal
Sein ewig's Aufsperr'n g'irrt,
Z'erst hat er wohl nur g'schaut so g'wiß
Und kloanweis räsonnirt;
Wia' s' aber all'weil kemma san
Und gar koa End' nimmt d' Schar,
Da reißt' s' eahm d' heilige Geduld:
„Na," ruaft er, „iatzt is's gar!"
Sein'n Schlüssel packt er völli wild
Und wirft 'n z'weitest weg,
So daß er abifallt auf d' Erd'
Wo auf an Wiesenfleck.
Iatzt schaut er nach, glei reut's 'n a:
„So alt und nu a Schuß,
Iatzt hoaßt's halt abitummeln g'schwind,
Sunst kriag' i an Verdruß."

Sei aschgrau's Manterl legt er an,
Fliagt g'schwind auf d' Wiesen zua,
Auf oanmal steh'n dort Bleameln auf,
So kloane gelbe gnua.
„Dös a no — iatzt is's aus mit mir,
Iatzt hab' i 'n Platz verlor'n,
Kann umschau'n, 's is a schöne G'schicht',
Und suacha hint und vorn."
Recht hoaß is's g'west, da schwitzt er recht,
A Kreuzweh kriagt er gnua,
D' Aug'n schaut er si frei all' zwoa aus,
Er kimmt halt auf koa Spur.
Beim letzten Bleamel is er schon,
Glaubt, daß er nix mehr find't.
Siah! Grad' beim allerletzten dort,
Da liegt der Schlüssel hint.

„Fff! — Gott sei Dank, daß i di hab',
3 wirf di nimmer her,
Und wann a Vorsatz do was gilt,
Wild wir' i a nöt mehr."
So fliagt er z'ruck; der liabe Gott,
Der suacht 'n hoam auf d' Nacht:
„No, Petrus, schau, wo bist denn g'west,
Was hast denn all'weil g'macht?"
A wen'g verleg'n so schaut er drein:
„3' gach bin i g'west; woaßt eh;
Es is halt nia zu was je guat,
Geht oaner glei in d' Höh'."
„Nöt wahr is's," sagt der liabe Gott,
„Is do was Guat's so g'scheg'n
Wia hätten dö drunt auf der Welt —
Sunst d' Himmelsschlüsseln g'seg'n?"

VI.

Dö Wölkerln.

—

D' Wölkerln wa'n so zwider nöt,
· Sö thaten oan'n nix an,
Schö langsam gangan' s' stad dahin,
Wia halt a iade kann.

Der Sakra-Wind nur leid't eahn's nöt,
Treibt s' all'weil alle recht,
Laßt 's kloanste Wölkerl nöt in Fried,
Wann's nu so brav sei möcht'.

So jankt er s' um und schindt s' und plagt s'
Sö künnan eahm nix thoan,
Nur gifti künnan' s' ordentli wer'n,
Und still a wengerl woan'n.

2

Kam siacht er's, fahrt er nu mehr drein
Und brüllt i' recht an deſtweg'n.
Da fangan's alle z' plär'n z'gleich an. —
So macht der Wind an'n Reg'n.

––––––

VII.

Der Trost.

—

D' alt' Ahnl liegt in Kammerl hint
Und leid't halt Schmerzen fest,
Da kimmt der Pfarra Na'mittag,
Dass er s' a bisserl tröst't.

„Siah," sagt er, „muasst nöt murr'n und grein'n,
Bedenk's recht und betracht':
Der liabe Gott hat halt a wen'g
Di hoam g'suacht und 's Leid'n bracht."

D' alt' Ahnl los't 'n Pfarra zua,
Und wia er wieda geht,
Sitzt s' auf in'n Bett, halt't d' Händ' recht z'samm',
Schaut hin auf's Kreuz und bet't:

2*

„Du hast mi hoamg'suacht, liaber Gott,
Hast 's Leid'n bracht, schau, i bitt,
Wann'ß d' Zeit hast, suach mi nummal hoam
Und — nimm Dir's wieder mit."

———

VIII.

D' letzte Stund'.

—

Der alte Bauer hat si's b'stellt,
Soll d' ganze Freundschaft kema.
Er g'spürt's, sei letzte Stund' is da,
Möcht' gern nu Abschied nehma.

San alle da, der oan' halt's Liacht,
Dö Weiber thoan recht beten,
Und alles tröst't den alten Mann
In seine letzten Nöthen.

Ma moanat, iatzt und iatzt wurd's gar,
Es traut si koana wegga.
Auf oanmal hör'n s' von Hof an Schroa,
O Himmel, dös Daschrecka!

Was is da g'scheg'n? Kimmt eh scho d' Dirn:
Der Sepp, der Bua, der kloana,
Is über d' Bod'nstiag'n abag'fall'n,
Hiebei grad bei dö Stoana.

Jatzt hab'n s' es küna, ausg'rennt san s',
Dö ganzen Leut' verschwinden,
Auf'n Seppl denken s' nur, auf'n kloan'n,
'n Alten lassen s' hint'n.

Was is's? Wia schaut er aus, der Bua,
Wia viel hat er si brocha?
Jatzt hat 'n erst da Schimmel g'schlag'n
Vor vierzeh' Tag, drei Wocha!

Na, bluaten thuat er scho a wen'g,
Hat Dippeln a mitunter,
Sunst aber is eahm nöt viel g'scheg'n,
Den Buab'n, — 's is eh a Wunder.

So san s' dalöst, — frisch denken s' iatzt
Auf 'n Alten in der Kammer.
Wird's wohl schon überstand'n hab'n,
Bei all'n den Kreuz und Jammer.

Schön stad schleicht alles wieder z'ruck,
San do a wen'g valeg'n.
Ja — da — wem seg'n s', — kimmt bei der Thür
Der Alte nöt entgeg'n?!

„Wia geht's 'n Seppl?" fragt er. „Guat.
Ja aber wia is dir a?
Wir hab'n schon glaubt, du stirbst daweil,
Jatzt kimmt er wieda füra."

Ja liabe Leut', seid's nur nöt hab,
I war für 'n Buab'n voll Banga,
Und hab' auf's Sterb'n gar nimmer denkt,
Mir is's daweil verganga.

———————

IX.

Der Bittgang.

—

Dö Bittag' keman, ausziag'n thoan s',
Der Meßner vorn mit 'n Fahn,
Der Pfarra und dö Schulerbuab'n
Und sunst, wer mag und kann.

Dö Mona singen um an Reg'n,
Weil's Troad da 's Wachsen g'freut,
Dö Weiber beten für eahn Wäsch'
Um truck'ne schöne Zeit.

Am allerletzten geht in Zug
Der Maurus hint' von'n Teich,
Der geht halt mit, thuat weiters nix,
Schaut her, all's wa' eahm gleich.

Da frag'n s' 'n: „Maurus, aber hörst,
Du schaust so stierat drein,
Es derfat dir frei in der Welt
Um gar koa Wetta sein."

„Eh' wahr. — I hab' auf's gache Glück
Verkaft mein'n ganzen Schnitt,
Drum thua i nix; i geh' ja nur
Für'n Weaner Handler mit."

———

X.

's Bild'l.

—

Der Nepomuk mit seine Sterndln,
Der hat der Regerl b'sunders g'fall'n.
Drum hat f' 'n a in Betbuach zwoamal,
Z'erst zeichn't schwarz und nacha g'mal'n.

Warum sie den g'rad gar so gern hat,
D' Leut' z'brechen si 'n Kopf dabei.
Da fall'n ihr d' Bild'ln oanmal außa,
Jatzt war'n bö Nepomuk gar drei.

Brinnroth is f' wor'n, hat' f' g'schwindi z'sammklaubt.
Wann's d' Nachb'rin sechat, was wurd' f' sag'n?
Der dritte Muk hat seine Sterndln
Nöt um 'n Kopf, der hat f' — am Krag'n.

XI.

Zwoaerlei Farb'.

—

Blaß wia d' Mauer is's allweil
A Dirndl aus der Stadt,
Schöne rothe Wangerln möcht's,
Geb'n s' ihr halt an'n Rath:

Salb'n und Schmier sind'st tegelweis,
Hat weg'n den koa Noth,
Reibst dir d' Wangerln ein damit,
Je, da wern s' schö roth.

Wer'n a roth und leuchten a,
Als war'n s' echt, so keck.
Aber kimmt a Reg'n, a Hitz,
Nacha geht d' Farb' weg.

Na, dös war koa guater Rath,
Der dem Dirndl g'fallt,
Was nutzt d' allerschönste Farb',
Wann s' oan'n nia nöt halt.

Geht s' mit ihre Wangerln blaß
In dö Berg'n iatzt hin,
Etwan gibt's für d' rothe Farb'
Dort a Mittel drin.

Arbat't fleißi in der Sunn',
Ißt si Knödel gnua,
Legt si nieder g'schwind am Ab'nd,
Und steht auf recht fruah.

Macht's a so a vierzeh' Tag,
Wia s' in'n Spiegal schaut,
Moant s' scho glei, sie is's gar nöt,
Hat ihr'n Aug'n nöt traut.

Wia zwoa Röserl'n lachen ihr
D' Wangerln roth entgeg'n,
Und dö Farb', dö halt si fest,
Bei der Sunn', beim Reg'n.

Siah, drum is halt a mei' Red':
Willst guat ausschau'n, hörst,
Magst a schöne Farb dö halt'
So verdean' dir s' z'erst.

XII.

's Eisen.

—

Solls Eisen recht fest wer'n,
Hilfts Red'n nöt und 's Schau'n,
Da muass ma's halt nehma,
Recht klopfa, recht hau'n.

Wann 's Leb'n gern dö Leut'ln
Recht fest machen möcht',
Da nimmt sö f', wann f' frisch fan,
Und klopft f' a Weil recht.

Drum pufft eng z'erst 's Leb'n a,
Geht's, macht's eng nix draus,
Da werd't's nacha Eisen,
Halt't's später was aus.

XIII.

Dö zwoa Patron'.

—

In Stangersdorf hoaßt alles Seppel,
Da is der Josef der Patron,
Und wann s' amal was b'sunders möchten,
So ruafen s' grad den Heilig'n an.

In Zirbersbrunn drent taufen s' Hansel,
Am heilig'n Johann halten s' da,
Den bitten s', wann s' a Gnad' gern hätten,
Da moanen s' g'wiß, er saget ja.

So is amal a Sunta kema,
Da bet't vor Stangersdorf der Sepp:
„Mach' mi heunt stark, du heil'ger Josef,
Der Hans von drent braucht Schläg', der Tepp."

Und wieder drenten bet't der Hansel:
„Zoag heunt amal bei Heiligenmacht,
O heiliger Johannes, hilf mir,
Der Seppel muaß Schläg' kriag'n auf d' Nacht.“

Dös beten s' und dö zwoa Patron' ob'n
Hab'n's g'hört und hab'n si alles g'meld't:
„San Kerl'n dös, um Schläg' thoan s' beten,
Gibt do Leut' drunten auf der Welt.“

A'f d' hab'n dö zwoa Patron' was g'wispelt,
Hab'n blinzelt mit dö Aug'n und g'lacht.
„So wird's wohl 's Beste sein, Herr Bruada,
Na schlaf recht g'sund heunt, guate Nacht.“

Tag's drauf, da brennen d' Hieb 'n Hansel,
Der Sepp kann si vor Schläg' nöt biag'n.
Dö zwoa Patron' hab'n eahna g'holfen,
Daß s' ja all' zwoa — nöt z' wen'g Schläg'
kriag'n.

XIV.

Dö letzte Frag'.

—

Der Lois, der hat's sein'n Vatern g'sagt,
Daß er b' Kath'rein gern hätt'.
„In Streg'n, war's brunt — schaust nach amal,
Wia's mit den Madl steht."

Guat, sagt der Alt', und Sunta drauf,
Da geht er hin a glei.
Fragt schön um alles, Haus und Gründ,
Um Ochsen, Küah und Säu'.

Er laßt si alles sauber zoag'n,
Laßt all's si recht erklär'n,
Sö brauchen do zwoa guate Stund',
Bis s' durchaus ferti wer'n.

3*

Und wia er alles durchg'fragt hat,
Da fallt eahm nu was ein:
„Jatzt hätt' i bald vergessen drauf,
Wo is denn dö Kath'rein?"

———

XV.

Der Schlampatatsch.

—

Was j' mit 'n Hans a penzen mög'n,
Er is halt nia nöt zun Beweg'n,
Dass er a wen'g auf b' Ordnung halt't,
Dass eahm dös Aufheb'n, 's Z'sammklaub'n g'fall't.

Nix legt er auf's recht' Platzel mehr,
Er schmeißt halt b' Sachen grad nur her,
Dass j' lieg'n wo; wann's zun Suacha geht,
Glei finden was, dös kennt er nöt.

O Hans, o Hans, wia wird's dir geh'n,
Wann's kema wird zun Auferstch'n,
Wann's blasen wer'n dö Cherubin
Und all's zun jüngsten G'richt muass hin.

Dös woaß i wohl, ruaft Gott, der Herr:
„Jatzt soll amal der Hans g'schwind her,"
Sagt's Engerl, das di z' bringa hätt':
„Geduld, der Hans find't d' Boana nöt."

XVI.

's Sicherste.

—

Es gengan Diab' um, red'n s' in Dorf; —
Da moant der Toni: „Los',
Jatzt Alte muaß ma do was thoan,
I kaf' a fest's Trum Schloß."

Der Polbl wieder reibt si d' Händ':
„Mi richten d' Diab nöt z' Grund,
I woaß was, dös vertreibt's ganz g'wiß,
I halt' an'n großen Hund."

Der Hansel traut den allen nöt:
„Nur oans hilft," b'hauptt' er steif,
„'s beste Mittel geg'n an'n Diab,
A G'wehr is's mit zwoa Läuf'."

Diab' gengan um; — hat f' gar nix g'irrt,
So Kerln fan was fein!
A Nafen hab'n f', dö zoagt eahn' g'nau,
Wo f' ftehl'n wöll'n, aus und ein.

San üb'rall g'weft, hab'n üb'rall g'fchnipft,
Bei allen Schau'n und Thoan,
Vor oan'n nur hab'n f' a Scheuch' dö Diab,
Vor'n Martin ganz alloan.

Der hat koa Thürfchloß, koane Hund',
Er hat koa Doppelbüchf',
Er hat nu viel was Sicherer's,
Der Martin, der hat — nix.

XVII.

Mei Sprüch'l.

—

Mei Sach' is's nöt, langmächti furtreb'n,
So schön und fein, wia b' nobeln Herrn,
Dös kann i nöt, i müaßt's erst lerna,
Mei Red' is kurz: I h a b' di gern.

I brauch' nöt b' Hand zun Himmel aufz'heb'n,
Brauch' nöt bei alle Heilig'n z' schwör'n,
Mei Herz is Zeug' und meine Aug'n san's,
Dö sag'n dir's g'wiß: I h a b' di gern.

I woaß, es müaßen b' Leut' si ändern
In den und den, wann s' älter wer'n,
Dans nur wird mir koa Älter ändern,
Mei Sprüch'l bleibt: I h a b' di gern.

Und wann amal der Tod an'n Ernst macht,

Nix gibt auf Bitten mehr und Wehr'n,

Nimm i bö letzten Kräften z'samm' nu,

Mach 's Kreuz und ruaf: I h a b' di g e r n.

———————

XVIII.

D' Waldandacht.

—

Es ziagt dö Andacht hin zun Wald,
Suacht si a Platzl aus,
Bo große greane Fichtenbam
Baut s' ihr a Kircherl draus.

Möcht' oana red'n mit 'n liaben Gott,
Wia 's eahm am Herzen is,
Just auf den Fleckerl dort, den still'n,
Versteht's der Herrgott g'wiss.

Es kimmt a der, und 's kimmt a dö;
Zun Bet'n fangen s' an,
Und 's Herz wird allen leicht, sö g'spür'n's,
Was d' W a l d a n d a c h t all's kann.

Dös sag'n s' dahoam, und 's keman mehr,
Dö putzen 's Platzl auf.
Es hängt frei auf an iad'n Bam
A wen'g a Bildl drauf.

Jatzt ziag'n s' erst hin, es muass grad nöt
Weg'n unsern Herrgott g'scheg'n,
Grad, dass ma ja sag'n kann, wann s' frag'n:
„Na, habt's dö Bildln g'seg'n?"

Lebendi wird's: Sö feil'n scho Wurst
Und Kipfeln große an,
Au'n Trunk gibt's a, und all'weil spielt
Der alte Werkelmann.

Dös is a Freud', all's rührt si dort,
So still er war, der Fleck;
All's find't's scho bei der Waldandacht,
Nur d' Andacht, dö is weg.

———

XIX.

Der Verdruß.

—

Dös is do schön g'west; kimmt amal
Der Bauer hoam, schaut's her,
Und bringt sein'n Wei an'n Rosenstock,
Was will s' denn eppa mehr.

Und dös war schön, muaß sie amal
In b' Stadt zu ihrer Moam,
Bringt's eahm da nöt a wunderschön's
Meerfam'as Pfeifel hoam!

Ja so is's g'west, kann eppa sein,
A vierzeh' Täg, wann's g'lengt,
A Freud' hab'n s' g'habt, hab'n's ord'ntli g'schätzt,
Denn 's is aus Liab', hab'n s' denkt.

Da wern s', der Teufel woaß, wia's kimmt,
Fest streitat auf amal,
Sie wird kasweiß vo lauter Gift,
Er wird brinnroth vor Gall.

Packt 's Pfeifel, wirft's auf d' Erden hin,
Daß 's bricht, was 's brecha mag,
Und sie nimmt glei ihr'n Rosenstock,
Der fliagt 'n Pfeifel nach.

Glei aus sein s' all' zwoa bei der Thür,
Er g'schwind ins Wirtshaus drob'n,
Sie in all'n Saus zur Nachbarin,
Da wird s' 'n a nöt lob'n.

Auf d' Nacht hübsch keman s' hoam all' zwoa,
Es redet' koan's an Laut,
Bein Schlafageh'n hab'n s' a nu bockt,
Fuchswild auf d' Seiten g'schaut.

Na, guat war 's nöt, dö selbi Nacht.
Nix g'schlafa hat der Mann,
Und sie hat g'woant dö ganze Zeit,
Bis s' nimmer woana kann.

Glei in der Fruah geht er g'schwind furt,
Sie schleicht si a davon:
„Geh, Marg'reth, koch heunt du alloan,
Z' Mittag, da kimm i schon.“

Na b' Margareth macht ihr' Sach' und wart't
Kimmt b' Frau: „Is er bahoam?"
Na! — „Dös is recht." Schleicht f' still in b' Stub'n,
Geht fort brauf zu ber Moam.

Balb brauf kimmt er: „Is s i e scho ba?"
Sagt b' Marg'reth: „Na, no nöt."
Da blinzelt er, macht b' Stub'nthür auf,
Stellt g'schwind was hin und geht.

D' alt' Margareth is a Weibsbild g'west,
Es bringat' f' b' Neugierb' um,
Und wissen muafs f', wann all's vasiab't,
Was f' than hab'n und warum.

4

Was siacht s'? Es bitt't a Rosenstock
Am Fensterg'sims: „Sei guat!"
Von'n Kastel hat a Pfeifel grüaßt:
Vergib schön, wann s' es thuat.

Geg'n elfe keman Herr und Frau,
Hat koans mehr aufbegehrt,
Wia b' Marg'reth los't, hat s' brinnat nur
Zwoa Busseln kleschen g'hört.

———

XX.

Der Dampf.

—

„Möcht' do amal wissen,"
Fragt der Mich'l vo Boig'n,
„Wer b' Bahnwag'n so treibt,
Dass wia b' Pfitschipfeil floig'n!"

„Na," sagt eahm der Lehrer,
Der allerhand woaß,
„Der Dampf thuat's, der treibt s' halt,"
Dös is eahm a G'spoaß.

„So, so, is nöt z'wider,
A Dampf is nöt dumm,
Dö Wag'nrad'ln treibt er,
Und mi — wirft er um!"

4*

XXI.

's Schweinerne.

—

Recht giaßen thuat's, all's laar'n s' heunt aus,
Was s' hab'n von Wasser droben,
Z'erst hat's an sein'n Reg'n abag'schütt't,
Auf d' Letzt, da regn't's an groben.

Der Moses Kran, der grad hausiert,
Mei, wird der naß heunt tüchti,
Es rinnt eahm ob'n und unt' schon aus,
Nix halt't mehr weita richti.

Da is a Haus, iatzt g'schwind, nur g'schwind,
Thür reißt er auf, is drinnat,
Und bitt't halt schön und bettelt recht,
Ob er nöt trückern künnat.

Na ja, hoaßt's, und er trückert a,
Kimmt hübsch scho b' Zeit zun Ess'n:
„Heunt geht's dir schlecht, a Schweiner's gibt's,
Da wirst halt fasten möss'n."

Der Moses kratzt si: „Is ein Mensch
In Regen so gerathen,
Und so getauft, wie ich bin heut',
Da — schab't ka Schweinebraten."

XXII.

Der frumme Gedanken.

—

„Siah,“ moant der Pfarra, „d' Frömmigkeit
Thuat scho in 'n Leut'n stecken,
Nur schlaft s' halt drin, 's is unser' Sach',
'n Pfarrern, dass wir s' wecken.“

Da geht er grad amal mit 'n Hans
Auf's Feld, steht alles prächti,
Auf alle Halm' a Menge Arb'n
Und Körndln drin großmächti.

Der Hans, der schaut s' voll Freuden an,
Er greift voll Freuden drunter,
Jatzt mach' eahm, moant der Pfarra, do
Gedanken, frumme, munter.

„Gelt, wann'ß d' dir's anschaust, wia's Gott macht
Und herricht't 's Troad 'n Leut'n,
Denkst da auf nix?" —— „Herr Pfarra, wohl,
Da denk' i — thoan wir's schneiden."

———

XXIII.

Der alte Bua.

—

Heunt is der Tag, 's is alles g'richt't,
D' Leut' wart'n seit der Fruah,
A Hozat gibt's, sie schön und jung,
Und er — a alter Bua.

Sei Herz, das so lang stillg'schwieg'n hat,
Jatzt is's halt redat wor'n,
Sei Kopf, der so lang g'halten hat,
Jatzt hat er 'n halt valor'n.

Dö Alten wöll'n's und 's Dirndl sagt
Nöt so und sagt nöt so,
Er muass ihr junger Eh'mann wer'n,
Wo find't's an'n bessern, wo?

Da steht er iatzt in neuchen G'wand,
Kost't eh an Sumper Geld,
Da steht er, schaut in 'n Spiagel hin,
Ob wo auf b' Letzt was fehlt.

Er find't nix. „Spiagel," sagt er, „gelt,
Nix fehlt, schaust nu so g'nau!"
Der Spiagel aber wispelt fein:
„I zoag dir do was, schau!

Wann'tz b' deine Falteln anschau'n thast,
Um b' Aug'n dö Ring' so g'wiss!
Wann'tz b' dein Gebiss a wen'g betracht'st,
Was da all's lukat is!

Und wann'ß d' am Haarbob'n aufisteigst,
Greift si hübsch schütter, vorn,
Was hinten darauf is, schau nur her
Is's nöt scho staubi wor'n?! —

Dei G'wand is schö, a Moasterstuck
Von Schneider seiner Kunst,
Bein G'wand fehlt a ka Brösel nöt,
Mei Liaba — aber sunst!!"

Der alte Bua, der draht si um,
Er hat scho gnua daweil,
Auf's Bankel sitzt er hin in 'n Hof,
Da denkt er si sein'n Theil!

Er kratzt si seine etla' Haar,
Seufzt auf a paarmal tiaf,
Bald drauf kimmt zu der Braut statt eahm
A schöner Abschiedsbriaf.

Er schenkt ihr hübsch was; dös hat s' tröst't,
Er aber gibt a Ruah. —
In'n Spiagel schaut er öftersmals
Und bleibt — der alte Bua.

————

XXIV.

's Kinderglück.

—

Schaut's an 's Kind, wia's bös Kloanste g'freut,
Dös Schwarste a nöt druckt,
Schaut's an 's Kind, wia der Himmel frei
Aus seine Augerl'n guckt.

's hat a sein' Grund. Zu so an Kloan'n
Traut si koa Sorg'n nu hin,
Es hat in sein'n kloan'n Herz'n nu
A Stückerl Himmel drin.

Es woaß no nix, es kennt no nix,
Ha nu koa Angst, koa Scheuch,
Laßt Gott und d' Muata sorg'n und lebt,
Und 's andre is eahm gleich.

Wia guat's es hat, begreift's nu nöt,
Dös is so eing'richt't schon,
Und wia's es inna wird amal —
Ziagt 's Kinderglück davon.

———

XXV.

Da Muata ihr Briaf.

—

Der Bua hat müaffen furt in d' Stadt,
Sei Kopf is soviel g'scheit.
Da muaß er lerna, was er kann,
Muaß außi unter d' Leut'.

So is er drin, iatzt hat er g'schrieb'n
Zwoa Briaf' schon und halt lang,
Auf d' Letzt steht: Muata, schreib'n S' mir a,
Sunft wurd' mir eppa bang.

Ja schreib'n! Dös freili is leicht g'sagt,
Wann's oaner amal kann,
Wer aber 's Leb'n nöt schreib'n hat mög'n,
Der stellt si saudumm an.

So geht's der Muata mei Gott a,
Sie find't koan Anfang frei,
Tunkt fleißi ein ins Tintenfaß
Und bringt nix z'samm', wia Säu.

Da wirft s' ihr Stag'lfedern weg,
Reißt 's Kart'l ausanand.
I woaß scho, was i thua; i mach'
An Briaf nach mein'n Verstand.

Dös kann s'; i woaß a, daß ihr Suhn
A Freud' mit 'n Briaf hab'n wird;
Denn wißt's — er war aus Germtoag g'macht,
Mit Weinberln lenirt.

XXVI.

Der Unfried'.

—

Wia moant's denn, schaut der Unfried' aus?
Gel' schiach und alt als wia,
A bissig's G'sicht, a stechat's G'schau,
An'n Lacha that er nia!

I sag' eng was, i woaß a Haus
Geg'n's Tannawaldl zua,
Zwoa Leut' san drin und d' Liab bei eahn,
Und dös is eahna gnua.

Da san s' amal beinanda g'west,
Es klopft, sö sag'n: „Herein."
Dö Thür geht auf, es rauscht a G'wand,
Still tritt der Unfried' ein.

Glei z'erst, da kennt n' a grad nu koan's,
All' zwoa zoag'n recht a Freud',
Es hat si aber umg'wend't 's Blatt,
Braucht gar koa lange Zeit.

Der Mann war g'wiß wia 's Gold so treu!
Hm! Er is waklat g'macht.
Dö Bäu'rin, all'weil lusti war s',
Jatzt woant s' frei Tag und Nacht.

Seit daß der Unfried' einzog'n is,
Wird nix wia Unglück g'stift't,
Der Frieden geht, bö Liab ziagt aus,
In Haus bleibt Gall' und Gift.

5

Wia moant's denn, schaut der Unfried' aus?
I sag eng's: frei wia 's Leb'n.
Was oans nur braucht, dass 's recht schön is,
Dös is eahm häufti geb'n.

Dass er recht schiach und alt sein muass,
Dös is nöt all'weil g'wiss,
D' schön' Reserl is der Unfried' wor'n,
Grad, weil s' so sauber is.

———————

XXVII

Der alte Bam.

—

Is 's Fruahjahr nur kema,
Glei am ersten voran
Is der Kerschenbam g'west,
Hat eahn's zoagt, wia er's kann.

.

Is er g'stand'n geg'n Pfingsten
Mit dö schneeweiß'n Blüah,
Hat a'n iada a Freud' g'habt,
Hab'n s' eahm schön than als wia.

.

Und erst seine Kerschen,
Wia Stoana so fest,
Und do wieder safti, —
Dös is a Bam g'west!

A so hat er's fortg'macht
A ewige Zeit,
Hat d' Hausleut' vo jung an
Bis s' alt wor'n san, g'freut.

Und tragt halt, bis oanmal
Do a kimmt sei Tag,
Wo's auslaßt sei Kraft iaßt,
Wo er nimmer mehr mag.

Iaßt hofft er und hofft er:
Er hätt's nu recht schön,
D' Leut' sagaten: „Brav warst!"
Und lassaten' 'n steh'n'.

Ja hoff nur, es nutzt nix,
Du bist eahn in Weg,
Sö kemman mit 'n Hackel,
Wirst umg'haut am Fleck.

In'n Ofa muaßt eini,
Sö thoan di nöt frag'n,
Rauch außi bein Rauchfang,
Da kannst du s' verklag'n.

XXVIII.

Dö Vogelbeer.

—

Der liabe Gott ruaft b' Vogerln her:
„Schaut's her, i hab' was g'macht,
Schön' rothe Beer, dö san eng g'schenkt,
Dö glanzen, 's is a Pracht."

'n Vogerln schmeckt's, hab'n eh scho lang
Auf so was B'funder's pafßt,
Da kimmt a Bauer, koftt's, spuckt's aus:
„Pfui Teufel, giftig's G'fraft!"

Zun liab'n Gott fliag'n b' Vogerln g'schwind,
Dort klopfen f'; 's hoaßt: „Herein!"
„Was machft uns denn," klag'n f', „neuche Beer'n,
Wann's nacha gifti fein."

„O Tschaperln," sagt er, „seib's schön stad,
Eng thoan f' nix, eßt f' ös keck.
Für b' Leut', ba müaffen' f' gifti fein —
Sunst fressen' f' eng f' ja weg."

———————

XXIX.

Der Gedenktag.

—

Was hat er denn, der alte Seppl,
Legt 's Suntag'wand am Freita an,
In d' Kircha geht er und in's Wirtshaus. —
Er muaß was B'sunder's hab'n, der Mann.

Sein Tag is nöt, der is scho lang g'west,
Er hat nix g'wunna, nix verkaft,
Was macht er si denn für an'n Feita,
Daß er so müaßii umastraft!

Na wart's a wen'g, beim G'moanwirt drunten,
Wo s' eam hin nachgeh'n, seine G'span,
Sperrt eahm's der Wein scho auf, sei Redhaus,
Da fangt er iatz zun beichten an:

„'s hab'n alle Leut', wißt's, so Gedenktäg,
Wo s' grad a wengel anders sein,
Und secht's, so arm als 's is, mei Leb'n sunst,
Heunt hab' halt i amal den mein'n.

Heunt kunnt'n wir d' silbern' Hozat halten,
I und mei Liab, dö Margareth,
Wann s' heunt vor funfazwanzig Jahren
Statt mir — 'n Hans nöt g'numma hätt'.“

————

.

XXX.

Der Fichtenwald.

—

Von Fichtenwald waht's so schön lind,
Kumm, Crescenz, kumm, du arm's blaß's Kind,
Bist krank, gel, in der Brust herunt,
In'n Fichtenwald wirst wieder g'sund.

Es steckt in jeder Fichten drin
A guate, guate Medicin,
Dö hilft dir g'wiß und wahr, gib acht,
Der liabe Gott hat s' selber g'macht.

Hauch s' ein, sie sind't dein'n kranken Fleck,
Dein ganz's Leiden tragt s' dir sicher weg,
Und d' G'sundheit bringt s' dir hin dafür,
Daß d' wieder frisch bist grad wia früah'r.

So rauscht's und wispelt's fein und lind,
Dö Crescenz glaubt's, das arme Kind,
's führt s' d' Hoffnung hin zun Fichtenwald, —
Gib's Gott, dass er sei Wort ihr halt't!

———

XXXI.

'n Peterbauern sei Red'.

—

„In Ausschuß bist," sagt b' Peterbäu'rin,
„Hörst Mann, und bist zun Reden z' fail,
Dös gift't mi; b' Red'n, bö halten b' andern,
Und du halt'st allaweil bei Mail.

Heunt wa' b' recht' Zeit, heunt streiten s', moan i,
Weg'n oaner neuch'n Glocken recht,
Heunt halt'st dei Red' und sagst eahn's eini,
Woaßt eh, daß i gern oane möcht'."

Der Peterbauer hat's versprocha:
„I halt' mei Red', kannst hör'n davon."
„No schreibst nix auf?" — „Na, kunnt' mir einfall'n,
Was i heunt red'n will, woaß i schon."

Hin geht er, sitzen scho beinanda
In Gmoanhaus, und 's geht a glei an:
Ob's nöthi is dö neuche Glocken
Und ob ma s' denn a zahl'n do kann.

No nöthi war's, das nkvanen alle,
Dö alte hat scho Sprüng grad gnua,
Wia wird's denn aber mit 'n Geld wer'n,
Wo nehman wir all's her dazua? —

Da red'n s' iatzt um, von z' Leich'n nehma,
Verpfänd'n und von Sammelngeh'n,
Taugt eahna nöt, wird üb'rall na g'sagt,
Es will si neamt zu nix versteh'n.

Hab'n alle g'red't drei g'schlag'ne Stunden
Bis auf'n Peterbauern durt,
Der sitzt und pfeift a wen'g und trummelt,
Und schaut in b' Luft und los't so furt.

Wia s' aber ferti san, steht e r auf,
A Packel Fußz'ger legt er her:
„Da habt's!" Dös is sei lange Red' g'west. —
Sei Wei verlangt si koani mehr.

XXXII.

's kloan' Wasserl.

—

In Dörfel drin 's kloan' Wasserl
Rinnt eh so liab und rein,
Sun do nöt z'frieden b' Bauern,
Es sollt' halt größer sein.

Und all'weil thoan sö's spotten,
Thoan's schimpfa in oan furt,
Daß 's Wasserl grad oan'n Wunsch hat:
Wann i nur größer wurd'!

Da kimmt amal a Wetta,
Es regn't's grad eemerweis,
Und 's kloane stille Wasserl
Kimmt völli aus 'n G'leis.

Es hat koan Platz in 'n Bett mehr,
Steigt außi über'n Roan,
Wirft Zäun' um oan'n nach 'n andern,
Kei't d' Mauern um und d' Stoan.

An Lärm macht's an unsinnig'n,
Wia 's größte Wasser bald.
„Heunt wir' eng do nöt z' kloan sein,
Gel ja, heunt kann i's halt."

Hm! Jatzt wer'n s' losat, d' Bauern,
Was s's Wasserl g'schimpft hab'n schon.
Und is eahn z'weng g'west, z' niader,
Jatzt san s' curirt davon.

„Wir hab'n's iatzt g'seg'n," sag'n, s' „wia wir
Mit'n großen Wasser thoan!
Für Bau'r und Wasser paßt's nur:
Sö geb'n s' all zwoa hübsch kloan."

———

XXXIII.

D' Armuat.

—

D' Leut' san recht übermüathi wor'n,
Hab'n trunka nur und g'essen,
Auf Lustbarkeiten hab'n s' nur denkt,
Auf 'n liaben Gott vergessen.

Der schaut halt aba: „Lebt's nur furt,
Thuat's enga Geld verputzen
Und nix verdeana, wart's a wen'g,
I wir' eng d' Flügel stutzen."

Von Winkerl ruaft er d' Armuat her.
„Di hab'n s' nu nöt empfunden,
Geh' abi g'schwind iatzt unter d' Leut',
Zoag' eahn's a wengerl drunten."

Sie küßt eahm d' Hand und roas't halt furt,
Geht d' Dörfeln a und d' Stadt'ln,
Und wo s' nur hinkimmt mit an Tritt,
Hört 's G'flügel auf und d' Brat'ln.

Da hoaßt's: „Jatzt iß a trucka's Brot,
Willst trinka, geh' zu 'n Bründl,
Möcht'st schlafa, leg' di schön auf's Stroh,
Habt's zwoa gnua mit oan'n Bünd'l."

Da lernen s' Jesum Christum, b' Leut',
Von alle Seiten kenna,
Dö Maner kratzen si am Kopf,
Und b' Weiber lernen flenna.

„Was macht ma nur, daß 's anders wird?
Ja, bleibt halt do nix über,
Es hoaßt verdean'n; a harte Sach',
Na, 's muaß sein, geh'n wir drüber."

Der oan' nimmt 's Hackel iaßt in d' Hand,
Der andere sein'n Krampen
Und Werkzeug sunst. So werkan s' halt
Statt liag'n und umaschlampen.

Sö plag'n si recht, moan'n, 's wa' scho g'richt.'
Bums, sauft a Wetta nieder,
Haut alles z'samm'. Iaßt stengan' s' da:
Und arm san s' alle wieder. —

Jatzt keman s' drauf; recht beten thoan s',
Dahoam und auf der Gassen,
Der liabe Gott soll auf der Welt
Dö Armuat nimmer lassen.

Der aber macht eahn's leichter wohl,
Laßt s' wieder zu was kema,
Ganz aber thuat er d' Armuat nia
Je von der Welt mehr nehma.

Sie bleibt all'weil d' Lehrmoasterin
Und lernt eahn drunt in 'n Nöthen
Das Beste, was der Mensch da braucht,
Z'erst d' Arbat, nacher — beten.

XXXIV.

Der Schutzgeist.

—

Zun Himmel kimmt der Schutzgeist g'flog'n:
„Heunt bild' i mir was ein,
Bin i nöt, is a Kind verlor'n,
Vergold't's mir g'schwind mein'n Schein."

„Was hat's denn geb'n?" frag'n s' umadum.
„Na, wißt's — a Kind, schön kraust,
Fahrt froh daher, steht auf in 'n Wag'n,
Auf oans, zwoa, drei liagt's draußt.

I glei dazua, sunst wa' dös Kind
Grad unter'n Radeln g'leg'n,
Durch mei Hilf' hab' i 's donitaucht,
G'schreckt war's, sunst is nix g'scheg'n."

Da lob'n f' 'n alle: „Dös war brav,
Da is a Prämium drauf.
Wann oaner so an'n Kindl hilft,
Dös tragt was, pass' nur auf."

Der Schutzgeist g'freut si a scho recht,
Dazählt's 'n Herrgott g'schwind,
Und wart't halt auf sein' Lohn, weil er
So g'schützt hat 's kloane Kind.

Der liabe Gott, der hört 'n an,
Ziagt b' Aug'n z'samm', schaut a wen'g:
„Glaubst richti, dass d' an'n Lohn vadeanst,
A b'sunder's, reich's, groß's G'schenk?

Du hast 's Kind b'schützt, wia's draußt g'leg'n is,
Geh, muaßt di nöt z' stark prahl'n.
Hätt'st eher ord'ntli Obacht geb'n, —
Wa's gar nöt außa g'fall'n."

XXXV.

D' neuche Köchin.

—

Zuag'schaut hat s' oft, wia ma 's Rindfleisch
g'scheidt zuasetzt,
Wia ma Salat putzt und Erdäpfeln schabt,
Und a wen'g Knödeln und Nockerln hat s' künna,
Sunst hab'n s' bei ihr drausten weiters nix g'habt.

Also auf dös hin hat s' d' Schneid', geht als Köchin;
Z'erst jauken s' d' Herrschaften eh üb'rall aus,
Aber 's Glück will, dass s' a seel'nguate Frau find't,
Schau, und dö g'halt't s'; eppa bringt s' nu
'was draus.

No, und sie red't, und sie zoagt ihr a Menge,
Lasst s' was verpatzen, dass s' lernt in der Art,

Ja, und a so kimmt mei Landtrampel weiter,
Thuat sie auf b' Letzt mit koan'n Gug'lhupf
mehr hart.

Aber dafür, weil ihr b' Frau so viel g'lernt hat,
Hat s' ihr mit Nächsten a wunderschön dankt; —
Weil s' alles kann iatzt von Nudeltoag auffi, —
Hat s' — g'schwind um Fünf Gulden Lohn
mehr verlangt.

————

XXXVI.

Dö Großmuata kummt.

—

Dö Fenster, dö glanzen,
Dö Böd'n san scho g'rieb'n
Und d' Wänd' alle a kehrt,
Koan Stäuberl is blieb'n.
Am Tisch steht der Buschen,
Liegt 's Tischtuach rothblumt,
Denn heunt is a Feita,
Dö Großmuata kummt.

Jatzt, Kinder, seid's brav nur,
Gebt's Obacht auf's G'wand,
Hans, schau' auf d' kloan' Tonerl,
Führ' s' schön bei der Hand;
Fall'n derf' s' nöt; nöt ausschau'n,
Als hätt' ma s' grad dumt,
Denn heunt is a Feita,
Dö Großmuata kummt.

Der Bauer möcht' schelten,
Er hat's unterdruckt,
Dö Bäu'rin möcht' greina,
Sie hat ihr'n Gift g'schluckt.
Nix! Heunt wird nöt g'stritt'n,
Nöt g'wartelt, nöt brummt,
Denn heunt is a Feita,
Dö Großmuata kummt.

Der Knecht sagt's 'n Rossen,
Dö Dirn sagt's der Kuah,
Dö Hendeln in Hof draußt
Und d' Schwalb'n losen zua,
Dö Spatzen tragen's weita;
Da singt all's und summt,
Denn heunt is a Feita,
Dö Großmuata kummt.

XXXVII.

D' Hoamkehr.

—

Is oaner furt g'west unter 'n Leuten
Und geht a wen'g a Zeit dahin,
So kimmt a Stund', da wird auf oanmal
A Stimm' in Herz'n redat drin.

Ganz in der Still' fangt s' an zun wispeln:
„Und wann i allas a dakenn,
Wia schön sö's haben, b' Leut' in der Fremb' da,
I wünsch' mir's do: Hörst, hoam sollst geh'n."

Da packt ma's z'samm g'schwind dö sieb'n Zwetschgen,
Und wöll'n s' oan' halt'n, 's leid't oan'n nöt,
Eing'setzt muass sein und g'fahr'n; beim Bergel,
Da trauch't ma an, dass 's g'schwinda geht.

Is 's nacha z' seg'n dös gold'ne Spitzel
Vo Kirchathurm dahoam, dö Freud'!
Und keman b' Häuser kloanweis füra,
Wia wird da 's Herz zwoamal so weit.

Und wann s' oan so entgegenkeman
D' ganz' Freundschaft und all's winkt und grüaßt,
Laut lacha möcht' oan's glei vor Freud'n,
Wann's da vor Freud' nöt woana müaßt.

Ja, ja! Und siacht ma in sein'n Stübel
Dö Bilder grüaßen von dö Wänd',
D' alt' Ofabank und b' Schlaguhr drob'nat,
Da reibt ma si wohl froh dö Händ'.

Und wann s' oan nacha alle ausfrag'n,
Der Vater, d' Muater, Göd und Moam:
„Wo g'fallt's dir denn am besten, red' iatzt?"
Wart't koaner lang, sagt g'schwind — „d a h o a m."

A kloana Wunsch.

—

I hätt' a ganz a kloan's Verlanga,
Wißt's, was i möcht'?
Is eng bö Zeit guat iatzt verganga,
Dös war ma recht! —

———

Inhalt.

—

Hausmannskost.

Hausmannskost.

Gedichte

in

niederösterreichischer Mundart

von

Moriz Schadek.

Zweite, vermehrte Auflage.

Wien.

Verlag von Carl Konegen.

1899.

Tischred'.

—

I lad' eng zu der Mahlzeit ein,
Wünsch' guaten Appatit;
Kriagt's nur a wen'g a Hausmannskost,
Nehmt's halt valiab damit.

———

I.

's Stadtl.

—

Wer von dö Hügeln umadum
Ins Thal hin abischaut,
Der siacht grad in der Mitten drin
A Stadtl, sauber baut.

Es is nöt z'groß, es is nöt z'kloan,
Nöt z'buklat und nöt z'eb'n,
Es grüaßt di freundli von der Weit'
Und sagt: In mir is's z'leb'n.

An'n Platz hat's, saub're Häuser drauf,
Hat Straßen broat und eng,
San Kirchen guua drin und Kapell'n,
Wirtshäuser a nöt z'wen'g.

Am Stadtgrab'n draußten steht a Schul,
So schön g'macht und so g'scheit,
Daß frei an'n Großen, wann er s' siacht,
's Schulgeh'n wieder g'freut.

Und so hat 's Stadtl allerhand,
Was's brauchen künnan d' Leut',
Wo's d' hin willst, üb'rall bist glei durt,
Is ninderscht hin recht weit.

Wohl hab'n sö's in der Wochen still,
Da siacht ma oft koa Katz',
Dafür schaut's auf an'n Sunta hin,
Da wurlt all's am Platz.

Da künnt's b' Leut' seg'n, wia s' aufmarschier'n,
Nöt zimperli, nöt z'teck,
Wia siacht ean's in bö Aug'n an,
's Herz hab'n s' am rechten Fleck.

A so is 's Stadtl, so san b' Leut',
Und g'freut's amol wem grad,
Geht's hin und schaut's eng's selber an
Mei Hoamat — b' Hornerstadt.

————

II.

D' Leibspeis'.

—

Ord'ntli hat's 'n bei der Falten,
Kann si nöt am Füaßen halten,
Muaß in Bett bleib'n seit der Frua,
Drucken thuat's 'n üb'rall gnua.

Kimmt der Docter: „Nur recht fasten,
Fest muaß iatzt der Magen rasten; —
Klare Suppen, Kramperlthee,
Dös nimm; 's andre thuat dir z'weh."

Zwoa Täg folgt er g'nau, der Bauer,
's wird eam da scho häufti sauer,
Wann so 's Rindfleisch einakimmt,
Und eam is bös G'schlader b'stimmt.

Hat nix g'sagt, hat all's balitten,
Aber härter wird's am britten,
Denn da siacht er, wia er schaut,
G'selcht's und Knödeln mit an'n Kraut.

· D' Leibspeis' is's; sei Liablingsessen;
Und dabei nur zuaschau'n mössen,
Hint' in Bett schön lieg'n bleib'n still —
Na, dös is 'n Bauern z'viel.

Seine letzten Kräften nimmt er,
Krailt stab auf, zun Tisch hin kimmt er,
Füllt si 's Teller eb'n voll an —
Und haut ein fest, was er kann.

Alle thoan si schier bekreuzen,
's Wei traut si vor Schreck nöt z'schneuzen,
Hat er eh scho' 's vierte Trum,
Schaut si numal um oans um.

Ah! — iatzt legt er 's Essb'steck nieder,
Schleicht si z'ruck in b' Bettstatt wieder:
„D' Leibspeis' hab' i, Gott sei Dank,
So — iatzt bin i wieb'rum krank."

————

III.

Jachtäuberl.

—

„Nutzt nix, Kind, nutzt nix, du muaßt amal außi,
Hörst du s', sö trampeln schon, tummel di g'schwind;"
„Wann aber b' Muater so schlecht is?" —
„Dös macht nix,
Geh' und auf's lachate G'sicht denk', mei Kind."

Folgt also 's Dirndl ihr'n Vatern, dem Künstler,
Springt auf b' Bablatschen und fangt ihr Kunst an,
Boanerne Kugeln fangt s', wirft mit dö Messer,
Nacher schlagt s' Purzelbam, weil sie's guat kann.

Lusti thuat s', zoagt ihre schneeweißen Zahndln,
Wia ihr's der Vater z'erst ang'schafft hat streng;
Wia s' so daher lacht, dös g'fallt ean am bessern,
„Bravo!" brüll'n b' Bauern und hau'n auf dö
Bänk'.

Ferti is f'; — eini geht f'; streichelt f' ihr Vater.
„Guat hast du's g'macht," thuat er schön mit
                                        der Kloan'n;
Sie busst eam b' Hand, schaut' n an: „No, was
                                        willst denn?" —
„Gel', Vater, iatzt derf i do a wen'g woan'n."

———

IV.

D' Einrichtung.

—

Glei, wia er ihr, der alten Graten
Mit'n Fuß'ger bald, in d' Augn iatzt sticht,
Und „Ja" hat g'sagt, der junge Bauer,
Da hat j' eam d' Hütten ganz neuch g'richt't.

Von Thür und Fenster draußten ang'fangt,
Von'n Himmelbett drin prächti' reich,
Bis ganz zu'n letzten Kuchelkastel
Is umadum all's frisch und neuch.

Dös is a Red'! — Da kunnt er lacha,
Er aber is sein's Leb'ns nöt froh,
So neuch bei'nand' er is, tief seufzt er:
„A alte Schachtel hab' i do."

V.

Waldruaf.

—

Wann'ß dir drinnat untern Häusern
Nimmer g'fallt,
Und du woaßt nöt recht, was b' willst,
Geh' in'n Wald.

.

Schau nur hin, da winken d' Bama
Stark und alt,
Wann'ß d' a Kraft brauchst, nimm dir 's Musta,
Geh' in'n Wald.

D' Kuka ruafen, Lercherln fingen,
Neamd hat f' zahlt,
Magst a Musi hör'n, a liabe,
Geh' in'n Wald.

Bleameln gibt's und Waldbeer'n guate,
Wafferl kalt,
Wann'ß b' recht müad bist und willst frisch wer'n,
Geh' in'n Wald.

Sturmt's recht braust, dö greane Wacht dort
Sagt eam „Halt".
Willst an'n Ruah hab'n und an'n Frieden —
Geh' in'n Wald.

———

VI.

D' Wallfahrt.

—

's Kapellerl am Berg drob'n
Is üb'rall bekannt,
Durt hat b' Muater Gottes
A hilfreiche Hand.

Wann f' wallfahrten keman
Und beten, was f' mög'n,
San Wunder, dö größten,
Gar häufti scho g'scheg'n.

Drum wird oaner krank wo,
Probiert er's am Fleck,
Denn, was oan's nur irr'n kann,
Dort drob'n bringt ma's weg.

Schadel: Hausmannskost.

2

So gengan s' vo Pürsching
Dahin a in'n Mai,
Und b' Eglerin, b' schiache,
Is a mit dabei.

Da wispeln s' und sumsen s',
Dö Bäu'rina still:
„Ja, bö is ja eh g'sund,
Was s' eppa nu will?" —

Der Messner, der Nigl,
Der zwinzelt voran:
„I woaß's scho, was s' mittreibt,
Ihr G'sicht bracht s' gern an."

VII.

Tagwerker.

—

„Oans, zwoa, drei, vier, fünfi, sechse?
Lauter deine Kinder, was? —
Und für dö sollst alle sorgen,
Aber Mann, wia machst denn das?“

„Wia i's mach'? 'n liaben Gott z'erst
Bitt' i um an'n guaten G'sund,
Weil i ja bein Tagwerk alles,
Nur koa Krank'at brauchen kunnt.

Nacher red' i mein'n zwoa Arm' da
Alle Tag recht fleißi zua:
„„Rührt's eng,““ sag' i, „„werd't's nöt müad
z'bald,
s' kriag'n dö Kloan'n sunst Brot nöt gnua.““

2*

Wann i hoamkimm von der Arbat,
Stopf i d' Pfeifa mir am Fleck,
Stell' mi zu der Hausthür aussi
Und blas' alle Sorgen weg.

Hab'n s' Gebet g'läut't, geh'n wir essen,
Da gibt's Brot und Zuaspeis gnua,
Wann wir nacha schlafen gengan,
Traumt uns 's Bratl a dazua."

———

VIII.

Osterlehr'.

—

Sö hab'n den Herrn Erlöser g'martert,
Sö hab'n 'n kreuzigt und begrab'n,
Hab'n g'moant, daß s', weil er drunt in Grab liegt,
A Ruah von seine Lehr'n iatzt hab'n.

Und guate Lehren hat er predigt,
Hat s' treu verfocht'n bis zun End',
Hat than nach sein's Gott Vatern Willen;
Der hat's scho aber a dakennt.

Er hat 'n nöt in Grab drunt lassen,
Daß neamd von eam was wissat mehr,
Aufg'standen is der Herr Erlöser,
Aufg'standen is mit eam sei Lehr'.

Drum secht's, was guat is und was brav is,
Dös hört nöt auf, z'grund derf's nöt geh'n,
Und wann's a keck a Weil begrab'n liegt,
Der liabe Gott laßt's auferfteh'n.

———

IX.

Maiglöckerl.

—

Wann s' 'n Winter g'spür'n, dö Bleameln,
Schlafen s' ein, sag'n „Guate Nacht",
Und thoan warten in der Erd' drunt,
Bis dass 's Fruahjahr neuch erwacht.

Und dass ja koan's kann verschlafen,
Wann s' halt anhebt, d' warme Zeit,
Is a Glöckerl eig'ns scho herg'richt't,
Was can' all'n zun Aufsteh'n läut't.

Wia der Mai kimmt, bringt er's füra:
„Sei iatzt brav und thua dei Werk,
Läut' eau z'samm, den Bleameln allen,
Drunt in'n Thal und drob'n am Berg."

Und 'n Mai sei Glöckerl läut't halt,
Siah und b' Bleameln folg'n eam g'schwind,
Da hört's nacher auf zun Läuten,
Dankt ean all'n schön und — verschwind't.

X.

D' Versuachung.

—

Drob'n am Hügerl steht der Boigner,
Schaut 'n Herrnhof drunten an,
Ja, a schön's Haus voller Gattern,
Hat am Thurm a große Fahn'.

Schleicht der Teufel zu eam zuwi:
„Boigner, bist mein Mann, schlag' ein,
Magst in b' Höll' nach'n Absterb'n abi,
G'hört der Herrnhof drunten dein." —

Nix! — Der Boigner widersteht eam —
„Auf mei Seel', da pass' i auf,
Für'n Herrnhof gib i s' nöt her, —
Da san all's z'viel Schulden drauf."

XL

D' erste Predi.

—

Sunta is und Predi halten,
D' erste, soll der Herr Vicär.
Ja, was sagt er iatzt 'n Bauern,
Ja, was taugt ean für a Lehr'?

Ob er a si recht viel Müah gibt,
Ob er a si plagt in oan'n,
Um an'n richtigen Gedanken; —
Ja, er find't halt allweil koan'n.

Sitzt er draußten in kloan'n Gartel,
Möcht a wen'g verzweifeln schier,
Da auf oanmal fallt am Schoß eam
Drob'n von Apfelbam a Blüah!

Still betracht't er f', wia f' halt schön is,
All's so liab an ihr und fein,
Und auf oanmal, wia er f' anschaut,
Fallt eam a sei Predi ein.

Auf dö Kanzel aufi steigt er,
D' Bauern alle schau'n als wia,
Denn vor eam liegt 's Evangeli
Und a schöne Apfelblüah.

„Gel', ja," hebt er an sei Predi,
„Gel', da schaut's, was dös bedeut't,
Ja, dö Blüah, dö hat was auf heunt,
Secht's, dö halt eng b' Predi, Leut'.

Frumm und guat hab' eng wöll'n macha,
Dös is do mei Sachen wohl,
Aber i hab' lang nöt aus g'wißt,
Wia i's richti angeh'n soll.

Da hat mi in Umagrübeln
Drob'n der liabe Gott dablickt,
Hat dö Blüah von Bam fall'n lassen
Und hat s' g'schwind zur Hilf' mir g'schickt.

Denn viel besser, als i's je kunnt,
Zoagt s' eng Gottes Liab' und Müah;
Wann er d' Welt und d' Leut' nöt gern hätt'
Machet er — koa Apfelblüah."

XII.

Der Hend'lhund.

—

Er geht auf Hendeln gern, der Guatsherr,
So kaft er si an'n Hund, an'n neuchen,
Was der all's kann und macht, rein aus is's,
's gibt in der ganzen Welt koan'n gleichen.

Er derf nu fünf Minuten weg sein,
Wo s' eing'fall'n san in'n Feld dö Hendeln,
So macht er schon a wen'g a Schnoferl,
Und siacht ma 'n mit sein'n Schwoaferl pendeln.

Fein schleicht er zuwi, nacher steht er,
Spitzt d' Loser, wart't auf'n Wink von'n Herrl,
Und wia er 'n kriagt, — Hui, mitten eini,
Auf jaukt er s', gibt koa Ruah, der Kerl.

So kann er alle Künsten prächti,
Der Guatsherr hätt' mit eam an'n Terna,
Und kriaget häufti Hendeln allweil,
Nur — schiaßen müaßt der Hund nu
                    lerna.

XIII.

Der Tanz.

—

Sie is dahoam blieb'n, d' kloane Kathl,
Was that f' denn untern Leut'n a?
Wann f' hin zun Tanz gang mit ihr'n Buck'l,
A G'lachter gab's, wann funst nix wa'.

Und wia fie f' geh'n fiacht alle kudernd,
Wia f' bei der Hausthür trauri steht,
„Bei bö,“ fagt f', „da is b' Freud' wohl einkehrt,
Zu mir, na mei Gott, find't f' halt nöt.“

Da kimmt der Karl, eh der Schönste,
'n Dirndln liegt er all'n in Kopf,
An Janka hat er um, an'n schwarzen,
Siah, will's der Zuafall, reißt a Knopf

Der Janker fallt, rennt d' Kathl hin glei:
„Geh' eina g'schwind, i nah' dir'n an.“
„Wann'ß b' halt so guat wa'ft, spar i 's Hoamgeh'n,
Bin eh heunt scho spatmächti dran.“

So gengan f' halt all' zwoa in b' Kammer,
D' kloan' Kathl naht, bös geht ihr flink,
Er schaut ihr zua, und da betracht't er f'.
„Du haft ja g'woant, weg'n was, kloan's Ding?“

„Da haft dein'n Janker, b'fiat bi Gott schön“ —
„Jatzt sagft mir's z'erst, warum haft g'woant?“
D' kloan' Kathl sagt koa Wörtl, seufzt nur
Und hat si still zu'n Fenfter g'loant.

„Hörst d' Musi blasen, drunt von Wirt her,
Dös geht in'n Kopf, ins Herz, in b' Füaß.
Was is's? Willst tanzen? Her da, Kathl!" —
Oi je, da lacht s' wia Höni' süaß.

An'n Landler spiel'n s'. Er nimmt s' unb braht s'recht,
D' kloan' Kathl leucht't mit'n ganzen G'sicht,
Is b' Uhr bei ihr auf „Woana" g'stand'n,
Er hat s' aufs „G'freu'n" weit füri g'richt't.

„Jatzt b'fiat di Kathl unb „„Vergelt's Gott""
Fürs Knopfannah'n, für'n Tanz bazua."
Er hat's scho gnädi, eh s' nu „man" sagt,
Is er scho brausten g'west, der Bua.

.

.

D' kloan' Kathl aber is glückseli.

„Der schönste Bua hat tanzt mit mir!" —

Von Himmel grüaßt a Sterndl aba:

„Na siagst, d' Freud' find't halt do zu

bir."

———

XIV.

Der Juchazer!

—

Von Himmel is's weit abischau'n,
Von Himmel is's weit hör'n,
Und wann's 'n Leuten guat brunt gang,
Dös wüßten s' do drob'n gern.

Na also bitten d' Engeln halt,
Gott sollt' a wen'g was thoan,
Daß sö's bei ean glei inna wer'n,
G'fallt's auf der Welt recht oan'n.

Der liabe Gott, der sagt ean's zua:
„I wir' halt was probier'n.“
Er hat's bald g'habt, bei eam geht's leicht,
Er braucht nöt lang z'studier'n.

Daß d' Freud' zun Himmel aufifind't,
Is's nu so weit davon,
· Hat er ean 's Juchazen drunt' g'lernt,
Dös hör'n s' drob'n nacha schon.

———

XV.

D' silberne Hozat.

—

Drin in der großen Stub'n schaut's aus heunt! —
San aber Leut' gnua a drin g'west,
Hab'n g'essen, trunka und halt g'feiert
'n Sepp sei silber's Hozatfest.

Jatzt san s' scho fort a so nach elfi
Dö Freund' und d' Nachbarn von der G'moan.
Jatzt is der Bauer mit der Bäu'rin
's erst'mal seit der Fruah alloan.

Sie hat nia g'red't viel, ihr ganz's Leb'n nöt,
Und er is a a stiller Mann,
So sitzen s' iatzt a still beinanda,   .
Schaut oan's dös andre lang nur an.

Dabei ziagt still, was s' all's erlebt hab'n,
Dö schlechte und dö guate Zeit,
Sö seg'n a Menge schware Stunden,
Und wieder do a hübsch a Freud'.

Sö seg'n dö Müah, dö s' allweil g'habt hab'n,
Wia b' Kinder kema sein in b' Wiag'n,
Und 's Glück, was s' can dö Kloan'n all's bracht hab'n,
Seg'n s' a dabei bei cana ziag'n.

Sö seg'n ean Höfel zuwawachsen,
Weil s' allweil g'wirtschaft't hab'n akrat,
Und 's Ladl, wo sö 's Geld daspart hab'n,
Seg'n s' voller, voller wer'n schön stad.

Und wia f' auf ihna selber keman,
Da seg'n f' wohl, b' Zeit, dö beißt scho an,
Dans aber g'spür'n f', der Liab in' Herz drin,
Der hat's halt do daweil nix than.

San stille Leut', hab'n a mit'n Red'n heunt
Am silbern Tag koa Zeit vazet't.
Sö hab'n si nur a Bussel geb'n schön,
Und b' Händ' druckt fest. — Is a was g'red't.

XVI.

Der Tabak.

—

Da fragt amal der kloane Hanjel,
Der Vater dampft sei Pfeiferl grad:
„Jatzt möcht' i aber richti wiſſen,
Wer den Tabak auf d' Welt bracht hat?"

Sagt d' Muater: „No, dös woaß i ſicher,
Der Teufel hat'n auffabracht,
Wann d' Manner alle Stub'n recht ſelchen,
Daſs er dö Weiber gifti macht."

„Laſſ' di nöt anlüag'n," ruaft der Vater,
„I ſag' dir's beſſer, i woaß b'ſtimmt,
Daſs den a Engel ababracht hat,
Daſs der Tabak von Himmel kimmt.

Denn Wolkerln himmlische san dreing'sperrt,
A rechter Raucher woaß's für g'wiß;
Denn wann er's auslaßt, moant er allmal,
Daß er a wen'g in'n Himmel is."

————

XVII.

's ſchwarze Kreuz.

—

Jn Wald dort bei dö Tannabam
Fehlt oaner in der Reih',
Js ganz alloan erſt umg'hackt wor'n,
's ſteht 's ſchwarze Kreuz dabei.

Ma ſiacht's nöt g'ſchrieb'n, wer's herg'ſetzt hat,
Für wen's ſteht und warum,
Ganz ernſthaft, ſcheuch nur ſchaut's oan'n an:
„Geh weita g'ſchwind," deut't's ſtumm.

Führt di der Weg ins Dorf von Wald,
Es kimmt dir wer entgeg'n,
Und fragſt um's ſchwarze Kreuz, hörſt nur:
A Unglück is dort g'ſcheg'n.

Wann'ß d' aber bei dem letzten Haus
Bleibst steh'n a wen'g und los'st,
Da is a arm's verlassen's Wei,
Woant allweil, find't koan'n Trost.

Jatzt roat'st dir's wohl scho kloanweis z'samm,
Auf's schwarze Kreuz denkst, gel'?
A wilde G'schicht'. Nimm 's Hüatl a,
Bet' für a arme Seel.

——————

XVIII.

Dö guaten Freund'.

—

Zwoa guate Freund' hat b' Reserl,
Dö helfen ihr durch b' Welt,
Und wo si bö verwenden,
Geht's allaweil nöt g'fehlt.

That wer mit ihr gern brumma,
Und wa' auf sie gern wild,
Laßt s' bö zwoa Freund' g'schwind bitten,
Glei is er wieder mild.

Hätt' s' gern was von ihr'n Leut'n,
Und mög'n s' z'erst gar nöt hör'n,
Wann bö zwoa Freund' schön zuared'n,
Da thoan s' ihr alles gern.

Hat s' was erlebt, dazählt sie's,
Und glaub'n s' ihr's eppa nöt,
Dö zwoa bezeug'n ihr's allmal,
Daß s' sicher d' Wahrheit red't.

Sö schützen s', wann s' wo g'fehlt hat,
Daß s' wieder guat wer'n, d' Leut',
Sö stiften bald an'n Frieden,
Kimmt d' Reserl zu an'n Streit.

Sö g'winnen ihr bö Herzen,
Ob s' jung san oder alt,
Und d' Schuld san s', daß z'letzt d' Reserl
Selb'n unsern Herrgott g'fallt.

I wünsch' an'n iab'n Dirndl
Zwoa Freund', dö grad so laug'n,
I wünsch' an'n iab'n Dirndl
Zwoa — schöne blaue Aug'n.

———

XIX.

's Aufbleib'n.

—

„Geh, Muater, du zitterst, geh, leg' di ins Bett." —
„Und still bist iatzt, Vater, leg'n thua i mi nöt." —
„Ja aber wann'ß b' krank bist! Es that dir ja guat." —
„Hör' auf iatzt zun penzen, i woaß, was oan's thuat.

Mei Leb'n is a so nur halb g'lichen von Gott,
Und lag' i in Bett krank und sechat's der Tod,
Der kam auf b' Letzt gar her und machat a End',
Drum trail i halt um, dass er 's Krankfein
nöt kennt."

—————

XX.

A Hoamat.

—

Sie kennt koan'n Vater, kennt koa Muater,
Koan'n Göden hat s' und hat koa Moam,
Durch d' ganze Welt zigeunert s' uma
Und is gar ninderscht wo dahoam.

Was's Bitter's gibt, all's lernt s' frei kenna,
Ihr Schatz laßt s' sitzen in der Noth.
A Büabl kriagt s', es wa' ihr Freud' g'west,
Kam hat sie's aufzog'n, holt's der Tod.

Sö grab'n ihr's ein in Freithof draußten,
An'n Platz hat s' kaft, hat hübsch was kost't.
„Wann'ß d' du stirbst, siah, derfst eh a drin lieg'n."
Dös sag'n s' ihr nu auf d' Letzt zum Trost.

„I dank," moant f'. — „G'rath't's mir tatzt in Leb'n nöt,

Daß i a ficher's Dach'l hab',

So hab' i do a wen'g was g'wunga,

I hab' mir d' Hoamat kaft — in'n Grab."

———

XXI.

D' Flügeln.

—

Schön san s' scho g'west, dö Vogerln z'erst,
In ihnern Federng'wandel,
Nur weiterkema san s' halt nöt,
Hab'n g'rast't glei nach an'n Randel.

Gab's wo a Fuater, gab's an Trunk,
San d' großen Viecher drüber,
Dö armen Vogerln hupfen hint',
Für dö bleibt nix mehr über.

Da hucken s' trauri z'samm auf b' Nacht,
Sö schimpfen grad nöt weiter,
Nur woiseln thoan s' in aller Still,
Sö künnan's halt nöt läuter.

Der liebe Gott hat's glabast g'hört
Dös Federnvolk bei'n Hügel,
'n Schwachen hilft er allerweil,
Und so — kriag'n d' Vogerln Flügel.

Wann'ß d' auf der Welt nöt weitakimmst,
Thua in Geduld di fassen,
Der liabe Gott kann ja dir a —
Dö Flügel wachsen lassen.

XXII.

Kirta.

—

Kirta is, all's is aus,
D' Junga und b' Alten,
Wer nur a bissel kann,
Koan's lasst si halten.

Grad nur dö Sendlin, b' alt',
Dö dawacht's nimma,
Und der alt' Nachbar neb'n,
Den geht's nu schlimma.

Sitzen s' am Bankel draußt,
Voll Kreuz und Leiden,
Denken, wia s' jung g'west san,
Dös war'n halt Zeiten! —

Wer macht uns wieder jung
Dammal in'n Leb'n,
Wer kann an'n Augenblick nur
's Jungsein uns geb'n?

Da fangt er z'blasen an,
Drent der alt' Franzl,
Hat's a mal künna recht,
D' wundaschön'n Tanzl.

Gar is's mit'n Tanzbod'nspiel'n,
Hat scho z'wen'g Ath'n,
Blast nur a wen'g dahoam,
Wird eam nöt schad'n.

Blast recht an'n woachen Tanz,
Recht a alt's Stückel.
„Kennst du's nu, Nachbarin,
Machst scho a Grickel?

Gel', wia wir jung g'west san
Dort in der Hütten!
Gangat's denn gar nöt mehr?
Geh', lass' di bitten.

Dans, zwoa, drei, pasch' in d' Händ',
Dans, zwoa, drei, wend' di,
Siah, Sendlin, wia's nu geht,
Wirst frei lebendi! —

Blas' nur furt, Franzl, blas',
Hast d'r an'n Gulden,
Hätt' wohl für'n Schneider g'hört,
Muaß si gedulden.

Senblin, schau her amal,
Hupf' auf, hupf' nieder,
Kräften san neuche da,
Jung san wir wieder." —

Merkt's eng bö Gschicht guat, Leut':
Seid's alte Dinger,
Laßt's eng a Musi spiel'n,
Dö macht eng jünger.

XXIII.

Was d' Großmuater bringt.

—

Is b' Großmuater keina
Mit'n Wagl auf b' Nacht,
Da frag'n sie s' glei, d' Kinder:
„Was haft uns denn bracht?“

Dös is der Empfang g'west,
Dös war der erst' Gruaß,
Koan'n Ruah geb'n s', dö Fratzeln,
Und auspacka muaß s'.

„Da, Franzl, a Wurstel! —
Gel', wia's der schön kann,
Und Hannerl, dös Dockerl,
Dös schau dir halt an!

Schau, Poldl, a Schu'karr'n,
Siah, Seppl, a Roß!" —
Da steig'n s' aber um iatzt,
Da thoan s'a si groß! —

Und d' Muater kriagt a was,
A Jankerl selb'n g'strickt.
Der Vater a Pfeifa,
Dö hat si grad g'schickt.

„Hast aber Geld ausgeb'n,"
Moant d' Tochter, — „'s is z'viel." —
D' Alt' beutelt 'n Kopf nur:
„Hör' auf und sei still.

Mi g'freut ja dös Geld nöt,
Was frag' i danach,
Dös g'freut mi alloan nur,
Wann i eng a Freud' mach'.

So lang's nur geht, thua i's,
Und kam's je a so,
I kunnt sunst nix bringa,
Mei Herz bracht' eng do.

A aufrichtig's Herz is's,
Koa Falschheit, koa Schein,
Und Liab' is gnua drinnat —
Da theilt's eng halt drein."

XXIV.

Der Ehrgeiz.

—

So geg'n vierz'g bald geht s', d' Victorl,
Da verliert s' zu'n Biach ihr Freud,
Treibt s' der Ehrgeiz an, daß s' aufsagt,
Möcht von'n Stall weg zu bö Leut'.

Und sie laßt si a nöt halten,
Ziagt mit Sack und Pack in d' Stadt,
Laßt nix hör'n mehr; woaß koa Mensch draust',
Wia's ihr eppa g'rathen hat.

Und so hab'n sö s' ganz vergessen,
Denkt koa Katz in'n Dorf auf sie,
Da auf d' Nacht amal wird pumpert.
„No, wer is's?" — da ruaft's draust': „J!".

„Du Victorl? — Als a Ganzer."
Also riegeln s' auf. „Ja mein,
Du kimmst wieder z'ruck zu uns da?
Willst den Leuten untreu sein?"

„Hör'n S' mir mit dö Leut auf, Hausfrau,
J vergiß nöt bis zu'n Grab,
Was i mit dö dumma Leut' draust'
Her und her all's g'litt'n hab'.

Vierzehn Plätz'. — Sö künnan's lesen,
Hab' i g'habt dös halbe Jahr,
Wann i d' Herrnleut' da bei'nand hätt',
Wa's a große lange Schar.

Ja und üb'rall, wo i g'west bi,
Hab'n s' glei g'haus't, und g'namelt recht,
All'n glei war i z' dumm und z' patschet,
Was i than hab', all's war schlecht.

Ja, dös war mei Dank bei'n Leuten,
Für mei ganze Plag und Müah,
Drum, dö soll'n mi fleißi gern hab'n,
I geh' wieder zu dö Küah."

————

XXV.

Dö Geisterg'schicht'.

—

Drin sitzen s' alle in der Wirtsstub'n
Und losen, was der Schorsch dazählt.
Da gruselt's ean', was der von G'spenstern
Und von bö Geister all's vermeld't.

„Ja, umgeh'n thuat's auf b' Nacht um zwölfe
In alten Schloss is 's a Gethua,
Da kimmt b' alt' Burggeistin und brummt recht,
Und bis um oans gibt s' nia a Ruah."

Grad wia er bös dazählt, der Schorschl,
Schaut er si b' Leut' a wengerl an.
All's'and zoag'n s' recht a Scheuch und Schrocken,
Nur oaner nöt, der Lampelmann.

Der Schorsch wird ganz verdrossen völli:
„Ja, geht denn dir gar nix ins Bluat,
Macht's dir koan' Angst, wann'ß d' hörst, daß's umgeht
Auf Mitternacht, und brumma thuat?"

„Mei," sagt der drauf, „dös sollt' mi schrecka,
Wüßt' richti frei nöt recht warum?
Dein G'spenst, dös meld't si nur um zwölfi, —
Geht nur a Stündel brummat um.

I hab' a G'spenst dahoam, a anders,
Dö, wann s' a bisserl kann und mag,
Dö geht nöt um und brummt auf d' Nacht erst,
Dö thuat dös glei 'n ganzen Tag."

XXVI.

's falsche Roserl.

—

Am Weg liegt a Rosen
Zertreten, zernicht't,
Wann s' red'n kunnt, dö wissat
A traurige G'schicht.

An'n Dirndl hat's g'hört z'erst,
A G'schenk von ihr'n Schatz,
In'n Miader bei'n Herzen
War all'weil ihr Platz.

Da hat er sein'n Sinn g'wend't,
Der grausliche Bua,
A neuch's Dirndl busst er
Und b' andre schaut zua.

Brennroth wird f', nimmt 's Roserl,
Schmeißt's hin wild auf b' Erd'.
„Bist a falsch, wia's er is,
Seib's all' zwoa nix wert."

So geht's, wia halt öfter,
Wann oan'n was verbriaßt. —
Der Bua is der Schlankel,
Und 's Roserl büaßt.

———

XXVII.

Dö große Roas'.

—

Er wa' für's Leben amal gern außi,
Der Ferdl, in dö weite Welt,
Daweil er aber jung is g'wesen,
Hat b' Hauptsach' g'fehlt, 's kloane Geld.

Wohl, wia er b' Wirtschaft nacher kriagt hat,
Da war's scho da, und häufti gnua,
Da hat 'n b' Arbat furt nöt lassen,
Er hat koa Zeit nöt g'habt dazua.

In Alter wieder hätt' er Zeit g'habt,
Ja aber du mei liaber Gott,
Wo roast denn oan's in'n Alter um gern,
Da wer'n scho Leib und Seel z'kammob.

So kimmt a Tag amal für'n Ferdl,
Es wird eam kalt bald und bald hoaß,
Sei Kraft geht aus, 's Herz hört zun Schlag'n auf,
Jatzt hat er s' g'macht, dö große Roas'.

_____

XXVIII.

Der Unz'fried'ne.

—

Der liabe Gott in Himmel schaut
'n Staffelbauern zua,
Dös is a Mann, was s' eam a geb'n,
Er kriagt si nia nöt gnua.

Da denkt er si, der liabe Gott:
„Jatzt möcht' i's wohl seg'n no,
Daß i den Kerl z'frieden mach',
Wann's neamb g'rath't, mir g'rath't's do."

Und wia der Bauer schlaft amal,
Da schleicht er zu sein'n Bett:
„Schau her amal, i zoag dir was,
Was i für di da hätt'.

Du bist nu nia nöt z'frieden g'west,
Ma hört di allweil schrei'n,
So los', i schenk dir f' g a n z, mei Welt,
Jatzt wirst do z'frieden sein?"

„Ja," sagt der Staffelbauer, „wohl!
Dös g'freut mi, dös is schön." —
„Na also, wann'ß d' nur z'frieden bist,
Jatzt muaß i wieder geh'n."

Er hat scho b' Hausthür in der Hand,
Grad machat er f' gern auf,
Kimmt eam der Staffelbauer nach
Und halt 'n drin nu auf.

„Wann d' Welt iatzt mei g'hört, hast ja du
Nix z'thoan mehr vorn und hint,
So mach' daweil a zweite Welt,
Dö theil'n ma nacha g'schwind."

XXIX.

Wia d' Annerl singa g'lernt hat.

—

In'n Wald kimmt 's schön' Annerl,
Daher schriat't s' so flink;
„Grüaß Gott!" ruaft 's kloan' Lercherl,
„Grüaß Gott!" sagt der Fink.

„Magst nöt amal singa?" —
„I sang' scho, a ja,
Nur müaßt i's z'erst künna,
Mi richt't ja neamd a."

„So los' amal, Annerl,"
Moant 's Lercherl, „Witt! witt!
Wir zoag'n dir's, wia's geht, z'erst,
Und nacha singst mit."

Da keman s' iatzt alle
Dö Vogerln zu ihr,
Dös Schönfte, was s' künnan,
Dös fingen s' ihr vür.

„Na, Annerl, fing' nachi!" —
Sö geb'n ihr koa Ruah.
„Wia wirft di denn fcheucha,
Wer hört dir denn zua?"

So fingen s' und fingen f'
Und laffen nöt nach,
's fchön' Annerl muafs's nachthoan,
Wann f' glei nöt recht mag.

Z'erst freili geht's still recht,
Grad wia bei dö Grill'n.
„Nur heller, nur stärker."
Na, thuat s' ean den Will'n.

Singt außa von Herzen
Ihr Lust und ihr Freud'.
„Jatz kannst du's scho, Annerl,
Recht schön und bedeut't.

Geh' hoam iatz und sing' ean
Dein' Waldliadl fest,
Und frag'n s' di, sag: D' Vogerln —
San d' Lehrmoaster g'west."

XXX.

Der neuche Musikant.

———

Der Better von der Müllnerin
Hat 's Geigna g'lernt in Wean,
Heunt spielt er eau bei'n „Ochsen" auf,
Da gibt's Leut' zun bedean'n!

Stolz geht er auf d' Pablatschen hin,
Fangt z'erst schön langsam an,
Nimmt aber allweil g'schwinder drein,
Daß oans kam losen kann.

Wia's gar is, na da red'n halt d' Leut',
A iad's, wia's d' Sach' versteht.
Der alte Fieglhofer moant:
„Und mir — mir g'fallt er nöt.

Wia schön und ruawi geht's bei'n Hans,
Wann der wo musicirt,
Der neuche tummelt si all's z'viel,
Just, dass er ferti wird."

———

XXXI.

D' Sünderin.

—

A Unglück hat d' Roserl,
A groß's nu dazua,
Hat s' d' Ahnl dawischt,
Wia er s' bußt hat, der Bua.

Glei sagt's d' Alt' den Ähnl,
Jaßt schelten s' in oan'n
Und mach'n ihr d' Predi:
„Dös derf ma nöt thoan."

Ba lauter den Greina
Wird 's Dirndl ganz g'schreckt,
In Bod'nkammerl drobnat
Sitzt's hoamli versteckt.

Recht woana thuat f' fleißi,
Zun G'müath geht's ihr recht,
Dass d' Ähnln so z'sammschrei'n:
„Nu neamb war so schlecht."

Der Mon'schein am Himmel
Blinzt f' an: „Geh', sei still,
Dass f' sag'n, 's hätt's nu neamb than,
Dös is a wen'g z'viel.

Wo f' di heunt dawischt hab'n,
Am nämlichen Platz,
Hab' i vor viel'n Jahr'n g'seg'n
A Dirn und ihr'n Schatz.

I hab' eana aufpaßt
Bei'n Bufſeln oft gnua,
D' Frau Ahnl war 's Dirndl,
Der Ahnl — ihr Bua."

———

XXXII.

Der ganz G'scheidte.

—

Allaweil hat er
Dö Weisheit bei'n Schopf,
Alles muaß eini
G'schwind in sein'n Kopf.

Büacher und Schriften
Frißt er valei,
Macht selber a nu
Etli' dabei.

Gar nix als lerna
Fort alle Tag,
Den sei Verstand, gel',
Der hat a Plag'!

Macht nix, der ganz G'scheidt'
Gibt eam koa Ruah,
Pampft allweil stärker
's Schwarste dazua.

Ja und auf b' Letzt halt
Hätt' er's nu gern,
Möcht' in der G'scheidtheit
's Gras wachsen hör'n.

Sei' Verstand aber —
Denkt: „Dös willst? Ja? —
No, valeicht später,
Z'erst — fahr' i a."

XXXIII.

Der guate Graf.

—

Da san s' eam halt entgeg'n ganga,
'n neuchen Grafen, alle Leut'.
War allweil in der Stadt drin eher,
Hoaßt's, er wa' voller Höflichkeit.

Jatzt kimmt er: Schaut's, vierspanni fahrt er,
Und wia er's siacht, 's Volk, halt't er glei,
Der Burgermoaster macht sei Ansprach',
Der Graf nimmt 's Hüatl a dabei.

Drauf sagt er a was und da schrei'n s' recht,
Und lass'n n' a' leb'n so hoch er will.
Er dankt ean schön, setzt auf sein Hüatl,
Fahrt furt und iatzt is's wieder still.

's geht alles hoam und der kloan' Hansel
Rennt glei zun Ähnl in oan'n Saus.
„Na, wia is's g'west?" — „Recht schön halt, Ähnl
Wir hab'n dort paßt bei'n letzten Haus.

Hab'n d' Hüat' schön a than vor'n Herrn Grafen
Und du, bös is a guater Mann,
Der hat nöt nur sei Hüatl a'zog'n,
Der hat d' Haar' a glei abathan."

––––––

XXXIV.

Der Inwendige.

—

Er hat bei koaner Freud’ nöt g’lacht,
Bei koaner Kränkung g’woant,
Ma hat’s von G’sicht nöt abakennt,
Von Red’n nöt, wia er’s moant.

Wann s’ d’ Herzen alle aufg’macht hab’n,
Das sein’ war all’weil zua.
Hab’n s’ g’scholten, g’stritt’n all’s’and fest,
Er hat fest stillg’schwieg’n nur.

Hat s’ was daschreckt, wia’s do leicht g’schiacht,
Er hat koa Bissel zuckt.
Hab’n s’ g’schrian, dass recht a Unrecht g’schiacht,
Er hat d’ Red’ unterdruckt.

6*

Neamd hat er mög'n, daſs's oaner kennt,
War a neamd wo a Feind,
Er hat d' Leut' nia und nindersch't g'lob't,
Hat a mit koan'n nöt greint.

Still war er g'sund, still war er krank,
Hat um koa Hilf' nöt g'worb'n,
Inwendi hat er g'lebt allweil,
Inwendi is er g'storb'n.

———

XXXV.

Der Wirt an der Straß'.

—

Und wia sö's lob'n thoan, b' Eisenbahn,
Dan'n gibt's und der lobt s' nöt.
Dös is der „Bär'nwirt" bei der Straß',
Der schimpft, weil nix mehr geht.

Koa Postwag'n fahrt und koan Kalesch,
Es kimmt koa schware Fuhr,
Denn all's geb'n s' iatzt auf b' Eisenbahn,
Der Wirt hat 's Nachschau'n nur.

Vabeigeh'n thuat s' eam knapp bei'n Haus,
Er siacht si's alle Tag,
Und alle Tag laßt er ihr hör'n,
Der Bär'nwirt a sei Klag'.

.

„Du haſt mir 's Glück g'raubt, Eiſenbahn,
Bring's wieder her in b' Straß'."
Es nutzt eam nix — ſi ſaust babei
Unb gellt: „J pſeif' bir was."

———

XXXVI.

's letzte Mittel.

—

„I hab' der Alten eh all's geb'n,
Was nur a Mittel hoaßt.
Es hilft nix, so muaß s' oans halt thoan,
Muaß b' Luft veränbern, woaßt.“

Der Hias'l schaut 'n Baber an. —
„Ja, ja, das hab' i g'sagt!
Jatzt geh.“ — Der Bauer drabt si um
Und schleicht si hoam verzagt.

A Wocha drauf bei'n Babern steh'n
Der Hias'l und sei Wei.
„Na, hast recht Luft verändert schon?“
Fragt s' aus der Baber glei.

Da lamatir'n f' halt: „All's is g'scheg'n,
Wir hab'n scho g'scholten, bet't,
Und dö verfluachte Luft dahoam,
Di ändert si halt nöt."

.....

XXXVII.

Teufelszeug.

—

Es ruaft der liabe Gott amal
Von seine Engeln oan'n:
„Trag' eana's abi, dös auf d' Welt,
Für d' Dirndln g'hört's, für d' kloan'n."

Der Engel nimmt sei Packel, fliagt,
Und fliagt so g'schwind er kann.
Glei is er drunt, was g'schiacht eam da?
Der Teufel halt 'n an.

„Was hast denn in dein'n Packel drin?" —
„J woaß nöt, hab' nöt g'fragt." —
„Und is dir denn bös alles oans,
Hat di nöt d' Neugierd' plagt?"

.

Der Engel gibt koa Antwort mehr,
Möcht' weiter, 's wird eam z'hoaß,
Der Teufel aber lafßt 'n nöt,
Macht all'weil feine G'fpoaß.

Er zupft und reißt bei'n Packel um,
Und was der Engel wehrt,
Es nutzt eam nix. Der Knopf geht auf,
's ganz' Sacherl rollt auf b' Erd'.

San wunderfchöne Zahndln g'weft,
Für b' Menfcherln extra g'macht,
Viel weißer als bö andern fan,
Daß ma's halt gern betracht't.

Jatzt liegen s' um, dem Engel kimmt
Do kloanweis' iatzt bö Gall:
„Na wart', du Höllenteufel du,
Dir zoag' i's do nu mal!"

Der thuat, als ob's 'n selb'n verdröß',
Hilft z'sammklaub'n, stellt si recht,
So daß der Engel moant auf b' Letzt:
„Bist erst nöt gar so schlecht!"

Er roas't, der Teufel grins't eam nach:
„Schau, schau, dös hat si g'macht,
Jatzt hab' eam do von meine Zähn'
A wen'g oan' eini bracht.

Schau'n eh vo draußt' wia b' andern aus
Und hab'n koan'n Unterschied.
Inwendi nur, da hab'n s' ean Gift,
Wünsch' ean viel Freud' damit."

Der Engel gibt dö Zahndeln hin
Den Menscherln nach der Reih',
Und so is halt bei manniger
A unrechter dabei.

Glei woaß ma's nöt, nur später erst,
Da lernt ma's schon versteh'n;
Denn aus den Belzebuab'n bö sein'n,
Da wer'n dö — Keppelzähn'.

XXXVIII.

Hoch aus.

—

„Was machst denn iatzt aus deine Buab'n?"
Frag'n s' Ziablerin vo Streg'n,
„Na," sagt s', „i hab' a so scho denkt
Und nachg'studiert destweg'n.

Der kloan', woaßt, mit den is nöt viel,
's geht überall nöt recht.
Da wird wohl nöt viel überbleib'n,
Der, moan' i, wird a Knecht.

Der große aber, der woaß all's,
Hat a an'n guaten Kern,
Da wöll'n ma hoch aus mit den Buab'n,
Der muaß scho — Halter wer'n."

XXXIX.

D' Vergeſslichkeit.

—

Weil er all's vergeſſat,
So viel G'ſchimpf hör'n möſſat,
Sagt der Franz: „Jaßt bin i drauf,
Mach' mir Knöpf', und ſchreib' all's auf."

Fahrt in d' Stadt hin morgen,
Sollt' ean Sach' beſorgen,
Geb'n ſ' eam Poſten nach der Reih'.
„Und vergiſs nix, Franz!" — „Belei!"

Hat ſi's aufg'ſchrieb'n richti,
Knöpf' auf Knöpf' g'macht tüchti,
All's hat er ſi g'merkt, der Franz, —
Nur auf's Fahr'n vergiſst er ganz.

XL.

's Brückerl.

—

Der Deaner kimmt und meld't eam's:
„'s kloan' Brückerl brauft' that wackeln."
„No," moant der Burgermoaſta g'ſchwind,
„So thait's es g'ſcheidt vernageln."

Von Ausſchuſs ſagt eam's drauf a Mann:
„Mit'n Brückerl thuat's es nimmer."
„So pölzt's es halt, 's gibt Pflöckeln gnua,
Was that ma ſi da grimma."

Wia ſ' Sitzung halten, moanan's mehr:
„A neuch's that ſi ſcho ſchicka."
Der Burgermoaſter red't ean's aus:
„Z'erſt muaſs ma 's alte flicka."

So flickt's der Zimmermoaster aus,
Zuckt b' Achseln, gibt ean's über.
„Schaut's, guat is," sagt der Oberste
Und geht glei selber drüber.

Jatzt hat 's kloan' Brückerl selber g'red't,
Kracht ob'nat, mitten, unten,
Der Burgermoaster schaut a wen'g
Und nacher liegt er drunten.

Da schreit er außa aus'n Bach
Und halt' si an dö Felber:
„Dös Brückerl, dös is do nix nutz,
Jatzt glaub' i's richti selber."

XLI.

Dö drei Erb'n.

—

Neamd hat er g'habt, der alte Naz,
Hat g'schalt't und g'walt't alloan.
Wia s' Erben suachen nach sein'n Tod,
Da melden nia si koan'.

Sei alte Hütt'n dort bei'n Berg,
Trüabseli schaut s' daher,
Es geht koa Thür, es raucht koa Herd,
Sie hat koan'n Herrn nöt mehr.

Der alte Naz hat s' dann und wann
Do bessert drob'n und drunt,
Jatzt find't si aber neamd, der s' flickt,
An' iader denkt: Geh z'grund.

So steht s' und schaut auf b' Straßen hin,
Woaß nöt, was s' ihr hab'n b'stimmt,
Und wart't halt, ob s' nöt do amal
Wer von dö Erben nimmt.

Siah, richti, spat auf b' Nacht is's g'west,
Kimmt oaner, brummt s' recht an,
Sein Erbtheil nimmt er si glei mit,
Er tragt ihr 's Dach davon.

Der zweite kimmt nach oaner Weil,
Der geht auf b' Mauern hin,
Reißt s' all's'and z'samm und führt si s' mit,
Koan'n Stoan mehr laßt er drin.

A paar Tag drauf, da kimmt der dritt',
Mei, der is bald am Ort,
Fahrt eini in oan'n Saus und Braus
Und 's hülza G'fraſt is fort.

Dahin is d' Hütt'n, neamd mehr ſiacht
'n alten Naz ſein'n Sitz.
Drei Erben hab'n ſi'n ehrli theilt:
Der Wind, der Reg'n, der Blitz.

XLII.

D' Nothhelferin.

—

D' Arbnerin, dö arme Wittib,
Dö scho eh viel durch hat g'macht,
Muass dös Unglück a daleb'n nu,
Dass sö s' ausraub'n bei der Nacht.

Wia dös arme Wei da jammert,
Dös is gar nöt zu'n beschreib'n;
Und wann wer a Herz vo Stoan hätt',
Kunnt' er kalt dabei nöt bleib'n.

Keman a dö Nachbarnweiber,
Alle, wia s' san, nach der Reih';
Stengan alle, wia s' grad künnan,
G'schwind mit was der Armen bei.

'8 rennt a b' Zeckenhof'rin uma,
Dö ma kennt weg'n ihren Geiz;
G'freut si all's und lob'n s' recht: „Brav is's,
Daß b' ihr helfen willst in'n Kreuz."

Ja und b' Zeckenhof'rin hilft a,
Wia s' nöt viel sunst allmal thoan;
Daß s' ihr leichter macht den Jammer,
Hilft s' der armen Wittib — wo a n'n.

XLIII.

Der guate Will'n.

—

„Ja, i vaſprich's 'n Hochwürden g'wiſs.
I weich' eam aus, den Trinka,
Mei Will'n is guat, i wir' nöt mehr
In dö Sünd' je verſinka."

„No, dös is brav g'red't, Dominik.
Gel', kann mi feſt verlaſſen!"
„Herr Pfarrer g'wiſs, grad 's Waſſer nöt,
Sunſt wir i alles haſſen.

Küſſ' d' Hand." So geht er fort, der Bua,
Der Pfarrer, der is z'frieden.
„Jatzt hab' i 'n aus 'n Sündenpfuhl
Halt do hübſch außag'ritten!"

Gnat über dös! Verstreicht a Zeit,
Der Pfarrer geht spazieren,
Bei'n Wirtshaus kimmt er grad vobei,
Hört streiten, räsonniren.

Schaut eini bei dö Guckerln g'schwind.
„Nöt mögli!" Er nimmt b' Brill'n.
Koan' Irrung war's, der Dominik
Sitzt drin mit'n guaten Will'n.

Der Pfarrer, wia er'n wieder siacht:
„Du," droht er, „g'hörst dem Bösen,
Woaßt, was b' versprocha hast? Is dös
Dei guater Will'n iatzt g'wesen?"

„Mei Vorhab'n war's, i trank' koan' Wein
Nöt um sechstausend Schlösser,
Mei Will'n is dösmal guat g'west, nur —
Der Wein, der war halt besser."

XLIV.

D' Verwandten.

—

Es deant der Huaber Franzel
Und d' Bock Mirz in der Stadt.
Woaß neamd, daß von dö zwoa wer
A Freundschaft drinnat hat.

Da geg'nt der Botenhiasel
Den Franzel: „Na, wo aus?"
„I geh' zu mein'n Herrn Onkel,
Er is herin bei Haus."

Siacht a dö Mirz der Hiasel,
G'frisiert schön und fein g'wand't,
„Wo thuast denn du in'n Putz hin?"
„I geh' heunt zur — Frau Tant':"

Da wird der Hiasel denkat:
„Kenn' s' do scho lang, bö Leut',
Und hab'n von der Verwandtschaft
Nix g'sagt a ganze Zeit."

Kimmt eam der Franzl unter,
Mit'n Onkel siacht er'n geh'n,
Und bald drauf find't er b' Mirzl
Bei ihrer Tant' wo steh'n.

Jaßt kennt er s', bö Verwandten,
Dö hab'n a oag'ne Art,
Der Onkel hat an'n Kittel,
D' Frau Tant' an'n — Backenbart.

XLV.

Auf der Ofabank.

—

Kalt is 's recht, der Wind pfeift grausli,
Und der Winter geht sein'n Gang,
„Jatzt is 's nix mehr brausten, Ahnl,
Jatzt hoaßt's schön auf b' Ofabank."

Also krailt s' schön stad halt zuwi,
Nimmt an'n Strumpf und macht an'n Klang,
Nacher fall'n ihr b' Nadeln abi,'
Einschlaft s' auf der Ofabank.

Und da tramt s' glei von'n Gottselig'n,
Den s' begrab'n hab'n nu nöt lang,
Hat si wieder her zu ihr g'setzt,
Wia allweil auf b' Ofabank.

Und da plauschen s' von der Wirtschaft,
Von ean'n Geld, von Speis' und Trank,
Was s' halt all's bei'n Leb'n bered't hab'n
Hinten auf der Ofabank.

Geht ean 's Mundstuck wia a Rad'l,
's Mail war eh bei koan'n nia krank,
Er macht G'spoaßeln und si lacht recht,
G'freut si auf der Ofabank.

Bums — da haut der Kloan' dö Thür zua,
Munter wird s'; — neb'n ihr schaut s' bang,
La'r der Platz. — Alloan, verlassen
Huckt s' da auf der Ofabank.

Wispelt: „Bist von'n Himmel aba,
Hast mi hoamg'suacht, Ähnl! — Dank! —
Bitt' Gott wieder bald um Urlaub,
Und kimm' her — auf b' Ofabank."

D' Frag'.

—

I hab' dö kloane Mahlzeit g'richt't
  Und deckt; —
Weil s' gar is iatzt, so frag' i nur:
  Hat's g'schmeckt?! —

———

Inhalt.

—

www.ingramcontent.com/pod-product-compliance
Lightning Source LLC
Chambersburg PA
CBHW021211270326
41929CB00010B/1085